HOW TO BE GLUTEN FREI AND KEEP YOUR FRIENDS

Rezepte von Anna Barnett

Texte von Quadrille

FOTOGRAFIEN VON KIM LIGHTBODY

ars vivendi ⊗

Glutenfrei(-heit)

Wer sich glutenfrei ernähren möchte, muss teils große Hindernisse überwinden. Mal ehrlich, einige von uns fühlen sich auch ein wenig bestraft — wie jemand, der in einem Zimmer voller Welpen Handschellen trägt oder einen atemberaubenden Sonnenuntergang mit verbundenen Augen bewundern soll.

Falls du gerade erst anfängst, dich für glutenfreie Ernährung zu interessieren, stellst du dir vielleicht die Frage, wie du das jemals schaffen sollst ... ob du irgendwann wieder lächeln kannst / aufhörst, dich zu beschweren / auf Veranstaltungen und Ausflügen Spaß hast. Bist du dagegen bereits ein Glutenfrei-Profi und hast deine letzte Zimtschnecke vor Millionen von Jahren verspeist: Herzlichen Glückwunsch! Aber vielleicht langweilen dich deine bewährten Rezepte zu Tode. Mit diesem Buch kannst du etwas dagegen unternehmen!

Es steckt voller aufregender Rezepte aus aller Welt, die dich vergessen lassen, dass du jemals Sehnsucht nach einem langweiligen Brötchen hattest. Außerdem gibt es zahlreiche Tipps und Tricks, mit denen das Leben mit Freunden (aber ohne Gluten) wesentlich einfacher wird: Du erfährst, mit welchem Mehl du eine turmhohe Torte für deine skeptische Mitbewohnerin backen kannst oder was du am besten im Restaurant bestellst.

Lass dich von diesem Buch verführen und experimentiere mit Speisen und Aromen – denn so gewinnst du auf deinem Weg in eine glutenfreie Zukunft an Selbstvertrauen. Dieser Lifestyle muss nicht mühsam und belastend sein: Betrachte das Ganze einfach aus einem anderen Blickwinkel und stürze dich auf erstklassige Rezepte, die auch deine Freunde lieben werden.

Geschichteter Obstsalat mit Kokos & Chiasamen

FÜR 4 GLÄSER

5 EL Chiasamen
250 ml Mandelmilch
3 EL Kokoscreme
1 guter Schuss Ahornsirup
  oder Honig
130 g Kokoschips
250 g fester Griechischer
  Joghurt
150 g frische
  Kokosnussstückchen
70 g getrocknete Mango
1 reife Mango, geschält und
  gewürfelt

Zuerst Chiasamen, Mandelmilch, Kokoscreme und Ahornsirup oder Honig in einer Schüssel vermengen.

Abdecken und mindestens 3–4 Stunden oder über Nacht kalt stellen.

Zum Servieren aus dem Kühlschrank nehmen und die Hälfte der Kokoschips unterrühren.

1 Esslöffel Joghurt in jedes Glas geben und dann schichtweise mit Chiacreme und Joghurt füllen.

Jedes Glas mit frischer Kokosnuss, den restlichen Kokoschips und getrockneter und frischer Mango krönen.

Porridge mit Quinoa & Kardamom / In Honig gebackene Trauben

/////////////////////////

FÜR 4 PERSONEN

125 g schwarze oder
  weiße Quinoa, gekocht
  (dabei nach der
  Packungsanweisung
  richten, die je nach Sorte
  variiert)
650 ml Mandelmilch (nach
  Belieben)
1 Vanilleschote, Vanillemark
  herausgekratzt und
  aufbewahrt
4–6 Tropfen
  Kardamomextrakt
3 EL Chiasamen
120 g besonders fester
  Griechischer Joghurt, plus
  etwas mehr zum Servieren
  (nach Belieben)

TOPPING

1 Hand rote Weintrauben
1 gute Portion Honig
1 Spritzer Zitronensaft

Den Backofen auf 190 °C vorheizen.

Die Weintrauben in vier Portionen teilen. Auf ein Backblech mit Backpapier legen und mit etwas Honig und 1 Spritzer Zitronensaft beträufeln. 15–20 Minuten backen, bis die Haut allmählich blasig wird.

Quinoa in einem Topf mit 600 ml Mandelmilch oder Wasser vermengen. Vanilleschote und -mark, Kardamomextrakt, Chiasamen und Joghurt zugeben und untermengen.

Bei mittlerer bis niedriger Temperatur unter Rühren 4–5 Minuten erhitzen. Falls die Mischung zu dickflüssig wird, die restliche Mandelmilch zugießen und den Porridge anschließend in 4 Schüsseln füllen.

Nach Belieben mit einem Klecks Joghurt und etwas Honig garnieren und mit den gebackenen Trauben servieren.

/ Vor dem Kochen kann man die Quinoa »aktivieren« (muss man aber nicht): Dafür die Samen in eine Schüssel mit kaltem Wasser geben, mit Backpapier oder Klarsichtfolie abdecken und über Nacht kalt stellen. So werden die Quinoa leichter verdaulich.

/ Die Zutatenmengen verdoppeln oder nach Belieben erhöhen. Abkühlen lassen und in einem verschlossenen Behälter kalt stellen (2–3 Tage haltbar). Nach Bedarf aufwärmen.

Grüne Pfannkuchen

FÜR 2 PERSONEN

FÜLLUNG

5 gehäufte EL Ricotta

¼ Muskatnuss, frisch
gerieben

Salz und schwarzer Pfeffer
aus der Mühle

½ Bund frische Petersilie

1 Bund frischer Schnittlauch

100 g frische oder TK-Erbsen
(aufgetaut)

PFANNKUCHEN

3 Eier (Größe L), verquirlt

3 Handvoll Spinatblätter

1 Stück Butter

1 Handvoll frische Petersilie,
gehackt

Salz und schwarzer Pfeffer
aus der Mühle

Rapsöl zum Braten

**/ Zu diesen leuchtend
grünen Pfannkuchen
passen alle Kräuter –
nimm einfach, was dir
schmeckt oder was du
gerade zur Hand hast.**

Ricotta, Muskatnuss, 1 gute Prise Meersalz und reichlich
schwarzen Pfeffer in einer Schüssel vermengen, nach
Belieben abschmecken und beiseitestellen.

Alle Pfannkuchenzutaten (außer Öl) im Mixer mit
1 guten Prise Meersalz und reichlich schwarzem Pfeffer zu
einem glatten, leuchtend grünen Teig verarbeiten.

Einen guten Schuss Rapsöl in einer großen Pfanne bei
mittlerer Temperatur erhitzen. Ungefähr die Hälfte des
grünen Eierteigs mit 1 großen Schöpflöffel ins heiße Öl
geben und den Teig fast gar braten. Er sollte nicht mehr
flüssig, aber auch nicht völlig fest sein. Dann die Hälfte
der Ricottafüllung auf eine Hälfte des Pfannkuchens
geben und mit der Hälfte der Petersilie, des Schnittlauchs
und der Erbsen bestreuen.

Den Pfannkuchen über die Füllung klappen und weitere
30 Sekunden braten, um den Ricotta leicht zu erwärmen.
Vorsichtig aus der Pfanne heben und warm halten,
während der zweite Pfannkuchen ebenso zubereitet wird.
Zum Abschluss beide Pfannkuchen nach Belieben mit Salz
und Pfeffer bestreuen.

Das lässt du am besten weg ...

/ Gerste
/ Weizen
/ Kleie
/ Dinkel
/ Grieß
/ Malz (auch Malzessig)
/ Seitan
/ Roggen
/ Eiernudeln
/ Couscous
/ Bulgur
/ Bier / Lager / Ale / Stout
/ Soßenpulver
/ Pasta
/ Brot
/ Manche Eissorten
/ Die meisten Fertiggerichte

Wo versteckt sich das Gluten?

Verarbeitete Produkte / Vorsicht bei Produkten, die verarbeitet wurden und z. B. verpackt sind (mit frischem Fleisch, Fisch, Obst und Gemüse bist du immer auf der sicheren Seite)!

Verdickungsmittel / Zum Andicken von Saucen und Suppen wird oft Mehl verwendet.

Semmelbrösel / Hüte dich vor allen Speisen mit knuspriger Kruste!

Brühe / Selbstgekochte Brühe ist in Ordnung, aber gekaufte Brühwürfel enthalten normalerweise Gluten.

Croûtons / Croûtons stehen auf der Speisekarte oft nicht in der Beschreibung. Deshalb solltest du ausdrücklich »keine Croûtons« sagen, wenn du Salate oder Suppen bestellst.

Frittiertes / Im Öl der Fritteuse schwimmen oft kleine, glutenhaltige Brösel – am besten lässt du von Frittiertem die Finger, wenn du unterwegs isst.

... aber verzichte nicht auf alles! Konzentriere dich auf die Sachen, die du essen kannst.*

Alle Gemüsesorten

Alle Obstsorten

Bohnen

Hülsenfrüchte (inkl. Linsen)

Polenta

Kartoffeln

Ja, auch Quinoa

Käse

Alle Reissorten, Reisnudeln und Reispasta

Fleisch

Fisch

(Die meisten) Joghurtsorten

Hatten wir Käse schon erwähnt?

Obstsaft

Sirup

Softdrinks mit Kohlensäure

Spirituosen

Cidre

Wein / Sherry

Reichlich Schokolade, darunter Snickers, Bounty, kinder Schokolade, M&M's und Toblerone**

* Lies dir immer die Zutatenlisten durch, da sich die Herstellungsprozesse von Land zu Land unterscheiden und im Laufe der Zeit ändern können.

** Bitte ernähre dich nicht ausschließlich von Süßigkeiten und Schokolade.

Buchweizen-Schoko-Granola

FÜR 4–6 PERSONEN

2 EL Kokosöl
250 g Buchweizengrütze
150 g GF-Bio-Haferflocken
150 g Kokosraspeln
1 gehäufter TL gemahlener
    Zimt
3–4 EL Kakaopulver
5 Tropfen Kardamomextrakt
1 TL Vanillepaste
3 EL Ahornsirup
100 g Kokoschips
2 EL Kürbiskerne
Kokosjoghurt, Griechischer
    Joghurt oder Milch zum
    Servieren

Den Backofen auf 180 °C vorheizen. Ein großes Backblech mit Backpapier belegen.

Das Kokosöl bei mittlerer bis niedriger Temperatur in einem Topf zerlassen und dann beiseitestellen.

Die restlichen Zutaten in einer Schüssel vermischen. Dabei die Hälfte der Kokoschips und der Kürbiskerne aufbewahren. Das Kokosöl unter Rühren über die vermengten Zutaten gießen, bis alles rundum bedeckt ist.

Die Mischung auf dem Backblech mit Backpapier gleichmäßig verteilen. 15 Minuten backen. Dann ein Mal rütteln und erneut 5–10 Minuten backen, bis das Granola knusprig ist.

Die restlichen Kokoschips und Kürbiskerne auf einem anderen Backblech mit Antihaftbeschichtung oder mit Backpapier verteilen und im Backofen 4–5 Minuten leicht rösten, bis die Kokoschips am Rand etwas golden werden.

Kokoschips und Kürbiskerne mit dem knusprigen Granola vermengen.

Mit Kokosjoghurt, festem Griechischen Joghurt oder einfach mit deiner Lieblings(pflanzen)milch servieren.

In einem luftdichten Behälter ist das Granola 1 Woche haltbar.

Fruit Pop Smoothies: Passionsfrucht oder Mango

ERGIBT 6–8 STÜCK

4 EL Honig, mit 1 Spritzer
  warmem Wasser verdünnt
350 ml besonders fester
  Griechischer Joghurt
Saft von ½ Bio-Orange
6–8 Passionsfrüchte oder
  2 sehr reife Mangos

Stieleisformen

Honig, Joghurt und Orangensaft in einer Schüssel vermengen.

Passionsfrüchte oder Mangos vorbereiten: Entweder das Fruchtfleisch aus den Passionsfrüchten löffeln oder die Mangos schälen. Das Fruchtfleisch jeweils grob hacken und im Mixer fein pürieren.

Abwechselnd Joghurtmischung und Fruchtfleisch in Stieleisformen einfüllen, bis alles aufgebraucht ist.

Ein Messer jeweils bis zum Boden der Form einführen und wieder herausziehen, sodass sich die Schichten ein wenig verbinden. Mit den Deckeln verschließen, die Stiele hineinschieben und das Eis 2–3 Stunden einfrieren.

/ Die Fruit Pops können als Eis am Stiel gegessen oder püriert werden – so erhältst du einen erfrischenden Smoothie.

Spiegeleier mit Koriander / Joghurt & Feta

FÜR 2 PERSONEN

Rapsöl

2 große Handvoll
Grünkohlblätter, grob
zerpflückt

1 Bund frisches
Koriandergrün, Stängel
abgeschnitten, eine Hälfte
grob gehackt, andere
Hälfte im Ganzen

6 EL besonders fester
Griechischer Joghurt

150 g Fetakäse, zerbröckelt,
plus etwas mehr zum
Bestreuen

4 Bio-Eier (Größe L)

1 guter Schuss Korianderöl
(siehe Seite 81, nach
Belieben)

Salz und schwarzer Pfeffer
aus der Mühle

frisches oder leicht
getoastetes GF-Brot zum
Servieren

Einen guten Schuss Rapsöl in einer großen Pfanne oder einem niedrigen Schmortopf bei mittlerer Temperatur erhitzen. Den Grünkohl zugeben und kurz anbraten, bis er ein wenig zusammenfällt. Dann mit einer guten Prise Salz und reichlich schwarzem Pfeffer würzen.

Die gehackte Hälfte des Korianders zugeben, mit Joghurtklecksen krönen und mit Fetakrümeln bestreuen.

Die Eier einzeln aufschlagen und in die Pfanne gleiten lassen. Dabei auf etwas Abstand achten. Bei mittlerer Temperatur weiter braten. 1 Minute einen Deckel auflegen, um den Garprozess zu verkürzen.

Sobald die Eier die gewünschte Konsistenz haben (nach ca. 2 Minuten, falls sie noch flüssig sein sollen), nach Belieben mit Korianderöl beträufeln und mit Korianderstängeln und restlichem Feta bestreuen.

Abschmecken und zusammen mit GF-Brot heiß servieren.

Buchweizen-Crêpes / Pikanter Rührtofu / Zweifach gebratene schwarze Bohnen

ERGIBT 4–6 STÜCK

CRÊPES

100 g Buchweizenmehl

1 Ei (Größe L)

190 ml Milch (auch
pflanzliche Milch ist
geeignet)

40 g Butter, zerlassen

Meersalz und schwarzer
Pfeffer aus der Mühle

1 Schuss Raps- oder Olivenöl

ZWEIFACH GEBRATENE
BOHNEN

1 guter Schuss Raps- oder
Olivenöl

½ Zwiebel, gewürfelt

2 Knoblauchzehen, fein
gehackt

2 Dosen schwarze Bohnen
(à 400 g), abgeseiht

1 TL gemahlener
Kreuzkümmel

1 TL geräuchertes
Paprikapulver

RÜHRTOFU

1 guter Schuss Sesamöl

400 g GF-Seidentofu,
zerbröckelt

½ TL gemahlener Koriander

½ TL gemahlener
Kreuzkümmel

Meersalz und schwarzer
Pfeffer aus der Mühle

ZUM GARNIEREN

1 Bio-Limette, geviertelt

1 kleines Bund frisches
Koriandergrün, Enden
abgeschnitten

150 g saure Sahne

½ rote Zwiebel, in feine Ringe
geschnitten

1 grüne Chilischote, in feine
Ringe geschnitten

Alle Zutaten für die Crêpes (außer Öl) in einer großen
Schüssel zu einem glatten Teig verquirlen. Abschmecken
und kalt stellen.

Für die Bohnen 1 Schuss Öl bei mittlerer Temperatur
erhitzen und die Zwiebel zugeben. Einige Minuten braten,
bis sie weich und glasig ist. Den Knoblauch zufügen und
1 weitere Minute braten. >>>

>>> Dann die Bohnen und Gewürze zugeben und alles abschmecken.

Die Bohnen mit dem Kartoffelstampfer oder mit der Unterseite eines Löffels zerdrücken. Bei mittlerer bis niedriger Temperatur weitere 10 Minuten braten, bis sich das Aroma entfaltet. Bis zum Servieren warm halten.

Für den Rührtofu das Sesamöl bei mittlerer bis hoher Temperatur in einem anderen Topf erhitzen. Den zerbröckelten Tofu mit den Gewürzen, Salz und Pfeffer ins heiße Öl geben und einige Minuten braten, bis er leicht knusprig ist. Bis zum Servieren warm halten.

Für die Crêpes ein wenig Öl in eine Pfanne mit Antihaftbeschichtung gießen und das Öl mit Küchenpapier wieder auswischen, sodass die Pfanne nur leicht eingeölt ist. Den Crêpeteig aus dem Kühlschrank nehmen. Einen Schöpflöffel Teig in die Pfanne geben. Die Pfanne schwenken, sodass ein dünner, runder Crêpe entsteht. (Man muss es aber nicht allzu genau nehmen: Auch ein halbwegs runder Crêpe ist in Ordnung!)

Den Crêpe 40–50 Sekunden braten und dann wenden, um auch die andere Seite zu braten. Anschließend in Alufolie wickeln und bis zum Servieren warm halten. Mit dem restlichen Teig ebenso verfahren, bis er aufgebraucht ist.

Den Crêpestapel zusammen mit den Bohnen, dem Tofu und der Garnierung auf den Tisch stellen. Jeder füllt seinen Crêpe selbst – zuerst mit Bohnen, dann mit Tofu und einem Klecks saurer Sahne und schließlich wird ganiert.

/ Du bist kein Tofu-Fan? Dann nimm einfach ganz normales Rührei. Eier sollte man übrigens immer erst nach dem Braten würzen, da sie sonst wässrig werden.

Probiere internationale Aromen, ob daheim oder im Restaurant: Gutes indisches Essen ist oft glutenfrei (frisches Curry, Kichererbsenbrot, Reis) und mexikanische Gerichte sind häufig deine Rettung (Maistortillas, Reis, Bohnen, Käse). Und ein mexikanisches Festessen eignet sich wunderbar für eine Abendeinladung (und ist ein guter Tipp für deine Freunde, die bei dem Gedanken, dich zum Essen zu sich einzuladen, in Panik verfallen).

Pfannkuchen nach japanischer Art

FÜR 1–2 PERSONEN

2–3 Schuss Sesamöl

2 Maiskolben, Körner ausgelöst

¼ Kopf Spitzkohl oder Weißkohl, mit dem Gemüsehobel fein geraspelt

1 kleines Bund Koriandergrün, Blätter abgepflückt und grob gehackt

2 Frühlingszwiebeln, in feine Ringe geschnitten

1 gute Prise Meersalzflocken

½ TL weißer Pfeffer

½ grüne Chilischote, fein gewürfelt

3 große Eier, verquirlt

40 g reifer Cheddar, gerieben

MEERRETTICHMAYONNAISE

3 EL Mayonnaise von guter Qualität

1 Spritzer Yuzu- oder Weißweinessig

2–3 TL frischer Meerrettich, gerieben, oder Sahnemeerrettich

1 Prise Meersalzflocken

Alle Zutaten für die Meerrettichmayonnaise in einer Schüssel vermengen. Die Schärfe nach Belieben durch die Meerrettichmenge anpassen. Die Mayonnaise beiseitestellen.

Das Sesamöl bei mittlerer Temperatur in einer (Grill-)Pfanne erhitzen. Die Maiskörner zugeben und 1 Minute braten, bis die Körner leuchtend gelb sind.

Die restlichen Zutaten (außer Eier und Käse) zufügen und weitere 2 Minuten braten.

Den Backofengrill auf mittlerer Temperatur vorheizen.

Nun die Hälfte des Käses mit den verquirlten Eiern vermengen. Die Mischung über den Mais mit dem Gemüse gießen und 2–3 Minuten bei mittlerer Temperatur braten.

Den restlichen Käse darüberstreuen und alles 2–3 Minuten unter den Grill stellen, bis Käse und Rand allmählich knusprig werden.

Mit der Meerrettichmayonnaise beträufeln und warm servieren.

Grüner Kartoffelstampf / Spiegeleier & Parmesan

FÜR 4 PERSONEN

2–3 Schuss Pflanzen- oder
  Olivenöl
4 Bio-Eier
mehrere Stängel frisches
  Koriandergrün
40 g fein geriebener Parmesan
schwarzer Pfeffer aus der
  Mühle

KARTOFFELSTAMPF

500 g Frühkartoffeln, große
  Kartoffeln grob gehackt,
  sodass alle Stücke gleich
  groß sind
80 g Spinat
½ Bund frisches
  Koriandergrün, Enden
  abgeschnitten und grob
  gehackt
2 Eier (Größe L)
150 g Fetakäse
Salz und schwarzer Pfeffer
  aus der Mühle

Für den Kartoffelstampf Wasser mit Salz in einem großen Topf zum Kochen bringen. Die Kartoffeln zugeben und 10–12 Minuten kochen, bis sie weich sind, aber noch nicht zerfallen. Abseihen und beiseitestellen.

Spinat, Koriander, Eier und Feta im Mixer zu einer glatten Paste pürieren und mit schwarzem Pfeffer würzen.

Den Backofengrill auf hoher Temperatur vorheizen.

Die Kartoffeln im Topf ein wenig zerdrücken, mit der Spinatmischung übergießen und gründlich vermengen.

Eine kleine bis mittelgroße (Grill-)Pfanne bei mittlerer bis hoher Temperatur erhitzen. Einen guten Schuss Öl zugießen und dann die grüne Kartoffelmasse zugeben und 2–3 Minuten braten. 4–5 Minuten unter den Grill stellen, bis sie leicht knusprig ist.

Noch etwas Öl in einer großen Pfanne bei mittlerer bis hoher Temperatur erhitzen. Dann die Eier aufschlagen und braten, bis sie die gewünschte Konsistenz erreicht haben. Die Unterseite sollte jedoch knusprig sein.

Die Spiegeleier auf oder neben einer guten Portion grünem Kartoffelstampf anrichten. Mit Korianderstängeln, Parmesan und etwas schwarzem Pfeffer bestreuen.

Bananenwaffeln / Schokosauce mit Salz

///

FÜR 4 PERSONEN

BANANENWAFFELN

425 g GF-Vollkornmehl

1 EL Backpulver

1 gute Prise Meersalz

280 ml Kokosmilch

½ TL Vanilleextrakt oder
   ¼ TL Vanillepaste

2 Eier

125 ml Rapsöl

2 sehr reife Bananen,
   1 zerdrückt, 1 in kleine
   Stückchen geschnitten

Butter oder Kokosöl zum
   Einfetten

TOPPING

1 Körbchen Erdbeeren
   (ca. 350 g), Stiele entfernt
   und geviertelt

3 EL Zucker oder Honig
   (nach Belieben)

1 Spritzer Zitronensaft
   (nach Belieben)

SCHOKOSAUCE MIT SALZ

200 g Zartbitterschokolade
   von guter Qualität

175 ml Crème double

50 ml EL Vollmilch

½ TL Vanillepaste

1 gute Prise Meersalzflocken

1 EL Butter (nach Belieben)

ZUM SERVIEREN

6–8 frische Erdbeeren

Puderzucker zum Bestäuben
   (nach Belieben)

Waffeleisen

Den Backofen auf 150 °C vorheizen.

Die Zutaten für die Waffeln (außer Butter/Öl zum Einfetten und Bananen) in einer großen Schüssel zu einem glatten Teig vermengen. Bis zur Verwendung kalt stellen.

Für ein schnelles Erdbeerkompott alle Topping-Zutaten in einen Topf geben. Einen Deckel auflegen und 3–4 Minuten kochen, bis die Mischung sirupartig wird. Oder die frischen Erdbeeren beiseitelegen und beim Servieren die Waffeln einfach damit krönen.

Für die Schokosauce mit Salz alle Zutaten (außer Butter) in einem Topf vermengen und bei niedriger bis mittlerer Temperatur unter Rühren erhitzen. >>>

>>> Darauf achten, dass sich keine Klümpchen bilden.
Damit die Sauce schön glänzt, 1 Esslöffel Butter zugeben.
Nach Belieben mit Salz abschmecken und dann warm
halten.

Das Waffeleisen vorheizen und mit zerlassener Butter
oder Kokosöl einfetten. Einige Bananenstücke in das
Waffeleisen legen und mit einem kleinen Schöpflöffel
Teig bedecken. Das Waffeleisen schließen und die Waffel
goldbraun und knusprig backen. Mit dem restlichen
Waffelteig und den Bananenstückchen ebenso verfahren.
Die fertige Waffel jeweils im Backofen warm halten.

Zum Servieren die Waffeln abwechselnd mit einer Schicht
Erdbeerkompott aufeinanderlegen oder mit frischen
Erdbeeren garnieren. Mit Schokosauce beträufeln und
nach Belieben mit Puderzucker bestreuen.

Ein Brunch zählt zu den kleinen Freuden des Lebens: Darauf solltest du keinesfalls verzichten – Toast ist schließlich nicht alles! Wie wär's mit Kedgeree (engl.-ind. Gericht) und warmem Ei, Halloumi mit gegrillten Tomaten, Spinat und Bohnen oder gefüllten Maistortillas?

Egg Hoppers
/ Brathähnchen aus Sri Lanka

FÜR 4 PERSONEN

EGG HOPPERS

7 g Trockenhefe

1 EL feinster Backzucker

250 g Reismehl

500 ml Kokosmilch

Meersalzflocken und weißer
  Pfeffer

1 Schuss Olivenöl zum Braten

4 Eier

BRATHÄHNCHEN

4–6 Hähnchenschenkel

100 g Kichererbsenmehl

2 EL Speisestärke

2 EL Kokosraspeln

1 TL geräuchertes
  Paprikapulver

½ TL weißer Pfeffer

1 Prise Meersalzflocken

Abrieb von 1 Bio-Limette

2 Bio-Eier, verquirlt

500 ml Pflanzenöl zum
  Braten

ZUM GARNIEREN

1 Bio-Limette, geviertelt

einige Stängel frisches
  Koriandergrün

1 Wokpfanne oder 1 andere
  Pfanne mit hohem Rand

Für die Hoppers 120 ml Wasser (Zimmertemperatur) mit Hefe und Zucker vermengen. 8–10 Minuten gehen lassen, bis die Flüssigkeit zu schäumen beginnt.

Das Reismehl mit der Kokosmilch in einer Schüssel vermengen. Dann die Wasser-Hefe-Mischung zugießen. Gut unterrühren, mit 1 Prise Meersalzflocken und 1 Messerspitze weißem Pfeffer würzen und über Nacht kalt stellen.

Den Teig für die Hoppers aus dem Kühlschrank nehmen, Zimmertemperatur annehmen lassen und verquirlen, bis keine Klümpchen mehr zu sehen sind. Falls der Teig zu dickflüssig ist, etwas Wasser zugießen.

Den Backofen auf 150 °C vorheizen.

Eine wokartige Pfanne mit Antihaftbeschichtung bei mittlerer Temperatur erhitzen. Rundum mit etwas Öl bestreichen und dann mit Küchenpapier auswischen, sodass die Pfanne nur leicht eingeölt ist.

Einen kleinen Schöpflöffel Teig in die Pfanne geben und die Pfanne sofort schwenken, sodass sich der Teig an den hohen Seitenwänden der Pfanne anlegt und eine Schale bildet. 1 Minute backen, dann 1 Ei aufschlagen und in die Mitte der Schale gießen. Weitere 2–3 Minuten bei mittlerer Temperatur braten, bis das Ei gar und der Teig am Rand goldbraun ist.

Den Hopper aus der Pfanne nehmen und den Vorgang wiederholen, bis man vier Egg Hoppers hat. Im Backofen warm halten. >>>

>>> Für die Hähnchenschenkel einen Teil des Fleisches
vom Knochen lösen, sodass man jeweils ein Stück
Fleisch und einen Schenkel mit ein wenig Fleisch
hat. Kichererbsenmehl, Speisestärke, Kokosraspeln,
Paprikapulver, Pfeffer, Salz und Limettenabrieb in einer
kleinen Schüssel vermengen.

Alle Hähnchenstücke in die verquirlten Eier tauchen,
dann rundum gut mit der Panade bedecken und die
Panade festdrücken.

Die Hähnchenstücke beiseitestellen und das Pflanzenöl
in einem großen Topf auf 180 °C erhitzen. Die
Hähnchenstücke portionsweise knusprig und gar braten
(der Topf sollte nicht zu voll werden) – dies dauert je
nach Größe der Hähnchenschenkel 4–5 Minuten. Vor
jeder Portion darauf achten, dass die Öltemperatur wieder
180 °C beträgt. Die frittierten Hähnchenschenkel auf
Küchenpapier abtropfen lassen.

Die Hähnchenschenkel mit Egg Hoppers, Limettenviertel
und frischem Koriandergrün servieren.

Gut, dass es eine App gibt …

Egal, welche Fertigprodukt-Zutatenliste du gerade prüfst oder welche Speisekarte du in diesem Moment analysierst – glaub mir, du bist garantiert nicht die oder der Erste. Spar dir den Kampf mit dem Kleingedruckten: Um am Wissen anderer teilzuhaben, musst du dir nur eine gute App runterladen.
Die Apps der Deutschen Zöliakie-Gesellschaft, von Schär oder CodeCheck helfen dir, ohne viel Aufhebens wichtige Entscheidungen rund ums Essen zu treffen.

Brühe mit Thunfisch und Sambal / Vermicelli-Reisnudeln

FÜR 4 PERSONEN

1 l Fischfond von guter
  Qualität
3 Stängel Zitronengras,
  Enden abgeschnitten und
  dann gut zerdrückt
1 Stück frischer Ingwer
  (5 cm), geschält und fein
  gerieben
3–4 EL Sambal Oelek (fein
  gehackte rote Chilischoten,
  nach Belieben)
350 g Vermicelli-Reisnudeln
1 Spritzer Tamari oder
  Fischsauce (nach Belieben)
350–450 g frischer Thunfisch
  in Sushi-Qualität, in
  4 Steaks geschnitten
Sesamöl zum Beträufeln
1 großes Bund frisches Thai-
  Basilikum
1 kleines Bund frische Minze,
  Blätter abgepflückt
2 Bio-Limetten, halbiert

Den Fischfond zum Kochen bringen. Dann Zitronengras und Ingwer zugeben und 10 Minuten kochen. Sambal Oelek Löffel für Löffel zufügen und immer wieder probieren, damit der Fond nicht zu pikant wird.

Anschließend die Vermicelli-Nudeln laut Packungsanweisung zubereiten und beiseitestellen.

Zum Servieren die Brühe zum Kochen bringen (und, falls nötig, nochmals mit Tamari oder Fischsauce abschmecken). Die Thunfischfilets in die Brühe geben und 1 Minute pochieren.

Die Nudeln auf vier Servierschüsseln verteilen und die Brühe darübergießen. Den Thunfisch so auf den Nudeln platzieren, dass er von Brühe bedeckt ist.

Mit Sesamöl beträufeln und mit reichlich Thai-Basilikum und frischer Minze bestreuen. Mit 1 Spritzer Limettensaft abrunden und 1 Limettenhälfte servieren.

Brathähnchen / Caesar Salad mit Grünkohl

\\\\\\\\\\\\\\\\\\\\\\\\\\\\\\\\

FÜR 4–6 PERSONEN

1 Schuss Olivenöl

2 Zwiebeln, geviertelt

1 kleines Bund frischer
  Thymian

1 Maishähnchen aus
  Freilandhaltung
  (1,5–1,8 kg)

Salz und schwarzer Pfeffer
  aus der Mühle

220 g Grünkohl, Stängel
  entfernt und Blätter grob
  gehackt oder zerpflückt

6–12 Sardellen in Öl von guter
  Qualität (nach Belieben)

40 g fein geriebener Parmesan
  (nach Belieben, falls du
  lieber einen Salat ohne
  Milchprodukt möchtest)

Maischips mit Thymiansalz
  (siehe Seite 88)

Abrieb und Saft von ½ Bio-
  Zitrone

DRESSING

1 TL Tahini (Sesampaste)

2 EL süße weiße Misopaste

100 ml Olivenöl

schwarzer Pfeffer aus der
  Mühle

Den Backofen auf 200 °C vorheizen.

Öl, Zwiebeln und Thymian in einen großen Bräter geben. Das Hähnchen mit Salz und Pfeffer würzen und mit der Brustseite nach unten auf die Zwiebeln legen.

Falls vorhanden, laut Angaben auf der Verpackung braten. Je nach Gewicht dürfte die Backzeit 50–80 Minuten betragen.

Das Hähnchen nach ¾ der Backzeit wenden, damit auch die Haut an der Brustseite schön knusprig wird. Zur Probe das Fleisch an der dicksten Stelle des Schenkels mit einem Spieß einstechen – wenn das Fleisch gar ist, tritt klarer Saft aus. Dann das Hähnchen aus dem Backofen nehmen und mindestens 15 Minuten ruhen lassen.

Den Grünkohl in eine große Schüssel geben. Die Dressingzutaten vermengen und abschmecken. Das Dressing über den Grünkohl gießen, bis er rundum bedeckt ist, und gut einarbeiten. 10–15 Minuten kalt stellen, damit der Grünkohl etwas weicher wird.

Zum Servieren das Hähnchenfleisch vom Knochen lösen, in mundgerechte Stücke zerteilen und mit dem Grünkohl vermengen. Sardellen, Parmesan, Maischips, Zitronenabrieb und 1 Spritzer Zitronensaft zugeben. Abschmecken, jedoch nicht zu stark salzen, da die Sardellen bereits salzig sind.

Oder das Hähnchen im Ganzen mit dem Grünkohl als Beilage servieren und erst bei Tisch portionieren.

Spargeltörtchen mit gebackenem Knoblauch & Ricotta

\\

FÜR 4 PERSONEN

1 Knoblauchknolle

250 g Ricotta

150 g Mascarpone

2 Eier

Salz und schwarzer Pfeffer
aus der Mühle

200 g Spargelspitzen, Enden
abgeschnitten oder geschält

1 Spritzer Olivenöl

MÜRBETEIG

*(es kann auch fertiger GF-Teig aus
der Kühlung verwendet werden)*

240 g GF-Mehl, gesiebt, plus
etwas mehr zum Bestäuben

1 Prise Salz

110 g kalte Butter, gewürfelt

1 TL Dijon-Senf

1 Ei, verquirlt, plus 1 Eigelb
zum Glasieren

4 Zweige frischer Thymian,
Blätter abgepflückt

3–4 EL eiskaltes Wasser

*4 kleine Törtchenformen
(5–6 cm ø) oder 1 große
Tarteform (24–26 cm ø)
Backbohnen zum Blindbacken*

Für den Teig zuerst Mehl und Salz im Mixer vermengen. Auf niedriger Stufe mit dem Knethaken die Butter einarbeiten, bis ein grober Teig entsteht.

Dann Dijon-Senf und Ei zugeben. Sobald der Teig geschmeidig ist, Thymianblätter und eiskaltes Wasser esslöffelweise zufügen. Nur so lange Wasser zugeben, bis der Teig zu einer glatten Kugel geformt werden kann. Falls zu viel Wasser zugegeben wurde, erhält man durch die Zugabe von etwas Mehl wieder die gewünschte Konsistenz.

Den Teig aus dem Mixer nehmen, ein wenig ausrollen und dann in Klarsichtfolie oder Backpapier wickeln und 30 Minuten im Kühlschrank ruhen lassen.

Den Backofen auf 180 °C vorheizen.

Die Knoblauchknolle in Alufolie wickeln und 20–25 Minuten im Backofen backen, bis die Zehen weich sind.

Den Teig aus dem Kühlschrank nehmen, auf einer bemehlten Arbeitsfläche auf 5 mm Dicke ausrollen und die Törtchenformen damit auslegen. Dabei jeweils 1 cm Teig am Rand überstehen lassen.

Den Teigboden jeweils mehrfach mit einer Gabel einstechen. Die Förmchen mit Backbohnen füllen und den Teig 15–20 Minuten blindbacken. >>>

>>> Das Eigelb in einer kleinen Schüssel verquirlen.

Die Teigförmchen aus dem Backofen nehmen, die
Backbohnen entfernen und überstehende Teigränder
abschneiden. Den Teig mit dem Eigelb bestreichen,
Förmchen wieder in den Backofen geben und erneut
5 Minuten backen.

Für die Füllung den gebackenen Knoblauch (das
Fruchtfleisch aus der Schale herausdrücken) mit Ricotta,
Mascarpone, Eiern, Salz und Pfeffer vermengen und in die
Förmchen gießen.

Die Spargelspitzen darauflegen, mit etwas Öl beträufeln
und die Förmchen erneut 12–15 Minuten in den Backofen
stellen, bis der Ricotta fest geworden ist. Warm oder
abgekühlt servieren.

Es ist eine Reise

Glaub nur nicht, dass du keine Fehler machen wirst. Danach fühlst du dich natürlich erst mal mies. Wozu also noch zusätzliche Vorwürfe? Entspann dich, denn Fehler und Pannen bringen dich weiter. Und hab Geduld mit deinen Freunden und deiner Familie. Sie begleiten dich schließlich auf deiner Reise. Ab und an werden sie sicherlich ein wenig jammern, aber wenn sie dich lieben und du ihnen etwas bedeutest, werden sie sich bald an das neue GF-Programm gewöhnen. Hilf ihnen dabei, dich zu unterstützen, indem du ihnen alles erklärst, was sie wissen müssen (und dann vielleicht nicht ewig weiter darüber redest – dafür gibt es nämlich spezielle Foren oder Selbsthilfegruppen).

Fladenbrote / Raita / Daal mit Kurkuma

///

FÜR 4–6 PERSONEN

DAAL

2 EL Kokosöl

1 Zwiebel, fein gewürfelt

4–5 Knoblauchzehen, fein gehackt

1 TL Kreuzkümmelsamen

1 TL gemahlene Kurkuma

2 TL gemahlener Koriander

schwarzer Pfeffer aus der Mühle

1 gute Prise weißer Pfeffer

6 Curryblätter

270 g gelbe oder rote halbe Linsen

1 Dose Kokosmilch (400 g)

FLADENBROTE

380 g GF-Mehl, gemischt mit 2 TL Backpulver, plus etwas mehr GF-Mehl zum Bestäuben

½ Bund frisches Koriandergrün, Blätter abgepflückt und grob gehackt

½ TL gemahlener Kreuzkümmel

1 Prise Meersalzflocken

Abrieb von ½ Bio-Zitrone

270 g Naturjoghurt

RAITA

150 g Griechischer Joghurt

¼ Gurke, Kerne herausgeschabt, Fruchtfleisch gerieben

5–6 Stängel frisches Koriandergrün, Blätter abgepflückt und grob gehackt

¼ TL gemahlener Kreuzkümmel

¼ TL gemahlener Koriander

Abrieb von 1 Bio-Limette

ZUM GARNIEREN

etwas Kokos- oder Rapsöl

2 Zweige mit Curryblättern

1 grüne Chilischote, in Ringe geschnitten

½ Bio-Limette

Für das Daal das Kokosöl bei mittlerer Temperatur in einem Topf zerlassen. Zwiebel und Knoblauch zugeben, die Hitze reduzieren und 5–6 Minuten anbraten. >>>

>>> Dann die Gewürze und Linsen zufügen und gründlich vermengen. Kokosmilch und 200 ml Wasser zugießen. Bei mittlerer bis niedriger Temperatur 15–20 Minuten köcheln lassen.

Für die Fladenbrote Mehl, Koriander, Kreuzkümmel, Salz und Zitronenabrieb vermengen. Joghurt und 80 ml Wasser zugießen und alles zu einem Teig verarbeiten.

Den Teig in sechs gleich große Stücke zerteilen und jeweils zu mittelgroßen Kreisen mit 5 mm Dicke ausrollen. Bei Bedarf mit etwas glutenfreiem Mehl bestäuben, damit nichts haften bleibt.

Eine (Grill-)Pfanne erhitzen, bis sie fast zu rauchen beginnt. Dann die Fladenbrote 30–40 Sekunden von jeder Seite backen, bis sie sich aufblähen. Oder 3–4 Minuten unter den Grill des Backofens legen, bis sie von beiden Seiten golden sind.

Alle Zutaten für das Raita in einer kleinen Schüssel vermengen.

Für die knusprigen Curryblätter das Kokos- oder Rapsöl erhitzen. Dann die Blätter zugeben und 20–30 Sekunden braten, bis sie dunkler werden.

Die Blätter herausnehmen und auf Küchenpapier abtropfen lassen. Die knusprigen Curryblätter auf das Daal und die Fladenbrote streuen. Chili und Limette zu den Fladenbroten geben und mit dem Daal servieren.

Ice, ice, baby

Schieb die Tüte mit TK-Erbsen einfach zur Seite und nutze deinen Tiefkühler bis in den hintersten Winkel. An Tagen, an denen du »nichts daheim hast«, wenn überraschend Besuch vorbeischaut, oder wenn du mal einen faulen Tag einlegst, wirst du dich über die Extraportion Curry (siehe Seite 122) und die Fladenbrote (siehe Seite 96) freuen, die du letztens gemacht und eingefroren hast.

Parmesanwaffeln
/ Confierte Tomaten & Burrata

\\

FÜR 4 PERSONEN

1 Stück Butter oder Olivenöl
    zum Einfetten des
    Waffeleisens
200 g GF-Vollkornmehl
2 TL Backpulver
schwarzer Pfeffer aus der
    Mühle
1 Ei
180 ml (pflanzliche) Milch
60 ml Oliven- oder Rapsöl
2 Frühlingszwiebeln, in feine
    Ringe geschnitten
150 g fein geriebener
    Parmesan

ZUM SERVIEREN

1 Kugel Burrata, geviertelt
gute Portion confierte
    Tomaten (siehe Seite 72)
einige Zweige frischer
    Thymian, Blätter
    abgepflückt
1 Spritzer Ahornsirup
schwarzer Pfeffer aus der
    Mühle

Waffeleisen

Zuerst das Waffeleisen heiß werden lassen und großzügig mit Butter oder Öl einstreichen.

Mehl, Backpulver und Pfeffer in einer großen Schüssel vermengen. Ei, Milch und Öl in einer anderen Schüssel verquirlen. Dann nach und nach die flüssigen Zutaten zu den trockenen gießen.

Gründlich vermengen, dann Frühlingszwiebeln und Parmesan zufügen und die Hälfte der Mischung auf das Waffeleisen geben.

Die Waffel backen, bis sie goldbraun und knusprig ist. Im auf 150 °C vorgeheizten Backofen warm halten. Dann die zweite Waffel backen.

Die Waffeln mit Burrata und 1–2 gehäuften Löffeln Tomaten servieren. Die Thymianblätter darüberstreuen und mit einem Spritzer Ahornsirup und extra schwarzem Pfeffer abrunden.

Richtig zubereitet ist Sushi das ideale GF-Gericht. Bei Fertig-Sushi aus dem Laden oder Restaurant solltest du aber aufpassen und lieber noch mal genau die Zutaten checken oder direkt nachfragen.

Zum Rumkrebsen / Krebsfleischimitat findet sich häufig in billigem Sushi. Die als »Surimi« bezeichnete Paste wird aus weißem Fischfleisch und Speisestärke hergestellt, sodass sie an Krebsfleisch erinnert. Besser einfach weglassen.

Quatsch mit Sauce / Sojasauce ist leider ein No-Go. Vorsicht auch bei in Sojasauce mariniertem Fisch und Saucen, die Sojasauce enthalten, wie z. B. Teriyaki. Reisessig und Wasabi enthalten manchmal Spuren von Gluten, lies dir daher lieber noch mal genau die Inhaltsstoffe durch. Bei Tamarindensauce sollte es kein Problem geben.

Teigig / Aufgepasst: Tempurateig wird oft aus Weizenmehl hergestellt.

Sushi kannst du superleicht selbst machen — auf Seite 50 lernst du, wie du ein paar coole Kegel rollst, ein simples Mittagessen fürs Büro oder ein Abendessen mit Wow-Effekt für deine Freunde zubereitest.

Informiere die Bedienung im Restaurant über deine Unverträglichkeit und beschränke dich, falls nötig, auf frisches Sashimi. Du kannst natürlich deine eigene glutenfreie Sojasauce hervorholen — das muss dir nicht peinlich sein. Stehe zu deinem Lifestyle, lebe glutenfrei, sei stolz darauf und trommle mit den Stäbchen!

Sushi-Tüte mit schwarzem Reis / Geschmolzener Camembert & Avocado

FÜR 4 PERSONEN

220 g schwarzer Klebreis
  (er ist zwar klebrig, aber
  dennoch GF)
60 ml Reisessig
1 TL feinster Backzucker
1 Prise Meersalzflocken
4 Nori-Blätter, jeweils
  halbiert, sodass 2 Rechtecke
  entstehen (ca. 4 x 7 cm)

FÜLLUNG

½ Camembert (ca. 125 g)
1–2 TL Wasabi
1 reife Avocado, halbiert und
  in lange Streifen geschnitten
1 Frühlingszwiebel, halbiert
  und längs in Streifen
  geschnitten
1 kleines Bund frisches
  Koriandergrün, Blätter nicht
  abgepflückt, Stängelenden
  abgeschnitten

1 feuerfeste Form

Den Backofen auf 170 °C vorheizen.

Zuerst den schwarzen Reis laut Packungsangabe kochen (die Kochzeit kann je nach Marke variieren). Gekochten (und, falls nötig, abgeseihten) Reis, Reisessig, Zucker und Salz gründlich vermengen und zum Abkühlen auf einem Backblech gleichmäßig verteilen.

Den Camembert in einer feuerfesten Form im Ofen 6–8 Minuten backen, bis er flüssig wird. Inzwischen die anderen Zutaten für die Füllung bereitstellen.

Den abgekühlten Reis auf die halbierten Nori-Blätter geben und auf der Hälfte eines jeden Rechtecks verstreichen, sodass man ein schönes Reisquadrat hat. Mit etwas Wasabi bestreichen.

Die Avocado- und Frühlingszwiebelstreifen und den Koriander auf den Reis legen, und zwar diagonal zum Quadrat, sodass das Ende der Streifen an der unteren rechten Ecke anliegt.

Anschließend mit dem zerlassenen Camembert beträufeln und jedes Nori-Blatt zu einem Kegel aufrollen. Den Rand mit etwas Wasser befeuchten und festkleben. Noch mal mit etwas Camembert beträufeln und servieren.

Rhabarber-Pickles
& Thunfisch-Tostadas

\\\\\\\\\\\\\\\\\\\\\\\\\\\\\\\\\\\

FÜR 4 PERSONEN

16 Blatt rundes Reispapier
Sesamöl zum Braten
250–300 g Thunfisch in
    Sushi-Qualität, gewürfelt
1 Frühlingszwiebel, in feine
    Ringe geschnitten
1 Chilischote, in feine Ringe
    geschnitten
1 kleines Bund frisches
    Koriandergrün, Blätter
    abgepflückt
Korianderöl (siehe Seite 81,
    nach Belieben) zum
    Servieren

RHABARBER-PICKLES

125 ml Apfelessig
100 g feinster Backzucker
1 TL schwarze Pfefferkörner
3 Vogelaugenchilischoten,
    eingestochen
1 Lorbeerblatt
200 g Rhabarber, in 3–4 cm
    lange Stücke geschnitten

ZUM BETRÄUFELN

4 EL Sesamöl
2 EL GF-Sojasauce
1 EL Mirin

1 sterilisiertes Einmachglas

Alle Zutaten für die Pickles (außer Rhabarber) mit 125 ml Wasser in einem Topf fast zum Kochen bringen. In ein sterilisiertes Einmachglas füllen und den Rhabarber zugeben. Abkühlen lassen und dann 3–4 Stunden oder am besten über Nacht kalt stellen.

Für die Tostadas ein Blatt Reispapier in warmem Wasser anfeuchten. Das Blatt zur Hälfte umklappen und dann nochmals falten. Mit den restlichen Reispapierblättern ebenso verfahren.

Einen guten Schuss Sesamöl in einer großen Pfanne erhitzen. Die Reispapierblätter im heißen Öl von beiden Seiten braten, bis sie blasig und golden sind – dies sollte nur 20 Sekunden dauern. Es können mehrere Blätter gleichzeitig in der Pfanne gebraten werden, solange sie sich nicht berühren. Bis zum Servieren auf Küchenpapier abtropfen lassen.

Sesamöl, Sojasauce und Mirin zu einer Sauce verquirlen.

Thunfisch, Frühlingszwiebel, Chili und Koriander auf einer Platte mit dem Reispapier anrichten, sodass sich alle selbst bedienen können. Oder einzelne Portionen vorbereiten und auf Tellern anrichten.

Mit Rhabarber-Pickles, der Sauce zum Beträufeln und nach Belieben mit Korianderöl servieren.

Päckchen mit pochiertem Lachs / Ingwer & Hühnerbrühe

////////////////////////////////

FÜR 4 PERSONEN

1 l Hühnerbrühe von guter
    Qualität
1 Stück frischer Ingwer
    (5 cm), geschält und in
    Stifte geschnitten
2 Stängel Zitronengras,
    Enden abgeschnitten,
    halbiert und zerdrückt
1 kleines Bund frisches Thai-
    Basilikum
1 guter Spritzer Fischsauce
1 grüne Chilischote, in feine
    Ringe geschnitten
Sesamöl zum Beträufeln

LACHSPÄCKCHEN

350 g chinesischer Blattkohl
    oder Wasserspinat
4 Lachsfilets aus
    nachhaltigem Fang
    (à 180–200 g)
einige Schuss Tamari
1 Stück frischer Ingwer
    (10 cm), geschält und fein
    gerieben
2 Knoblauchzehen, gerieben
½ Bund frisches Thai-
    Basilikum

Den Backofen auf 180 °C vorheizen.

Für die Lachspäckchen 4 große Blatt Backpapier oder Alufolie (40 x 40 cm, doppellagig) vorbereiten.

Auf jedes Blatt eine Schicht Kohl legen und mit einem Lachsfilet krönen. Mit 1 Spritzer Tamari würzen und mit Ingwer, Knoblauch und Thai-Basilikum verfeinern. Jedes Päckchen luftdicht verschließen.

Die Lachspäckchen auf einem Backblech in den Backofen schieben und 12–15 Minuten backen.

Inzwischen Hühnerbrühe, Ingwer, Zitronengras, die Hälfte des Thai-Basilikums und 1 Spritzer Fischsauce in einem Topf vermengen.

Bei mittlerer Temperatur 10–15 Minuten kochen. Dann die Brühe in 4 Servierschüsseln füllen und jeweils den Inhalt 1 Lachspäckchens in die Schüsseln geben.

Mit dem restlichen Thai-Basilikum und dem Chili bestreuen und mit Sesamöl beträufeln.

Matcha &
Kokospopcorn

FÜR 4–6 PERSONEN

75 g Kokoschips

50 g Kokosraspeln

75 g Puffmais (ohne Zusätze)
   für Popcorn

1 TL Matcha-Pulver

50 g GF-Puffreis

50 ml Ahornsirup

Den Backofen auf 170 °C vorheizen. Ein großes Backblech mit Backpapier belegen.

Die trockenen Zutaten in einer großen Schüssel vermengen. Dann den Ahornsirup zugießen und noch einmal gründlich mischen. Auf das Backblech geben und 15–20 Minuten backen, bis das Popcorn gerade golden geworden ist.

Aus dem Backofen nehmen und vor dem Essen abkühlen lassen. In einem luftdichten Behälter ist das Popcorn etwa 1 Woche haltbar.

Bällchen mit Pistazien, Matcha, Mandeln & Datteln

ERGIBT 8–12 BÄLLCHEN

30 g Kokosraspeln
120 g gemahlene Mandeln
2 EL Matcha-Pulver
260 g Pistazien, geschält
6 Medjool-Datteln, entkernt

Die Kokosraspeln in eine kleine Schüssel geben.
1 Esslöffel gemahlene Mandeln und 1 Teelöffel Matcha-Pulver zufügen und gründlich vermengen.

Restliches Matcha-Pulver, Mandeln, Pistazien und Datteln im Mixer zu einer dicken Paste pürieren, die allerdings nicht zu feucht sein sollte.

Die Mischung mit den Händen zu kleinen Bällchen rollen (ein wenig kleiner als ein Golfball). Jedes Bällchen abschließend in der Kokosmischung wenden.

In einem luftdichten Behälter sind die Bällchen etwa 1 Woche haltbar.

/ Wenn du die Bällchen mit etwas Wasser anfeuchtest, bevor du sie in der Kokosmischung wendest, bleibt diese besser haften.

Puffreis, Erdnussbutter & Bananen-Nuss-Crossies

ERGIBT 6–8 STÜCK

250 g GF-Puffreis

70 g getrocknete Banane, grob gehackt

60 g Cashewkerne, grob gehackt

1 sehr reife Banane, zerdrückt

3 EL Kokosöl

80 ml EL Ahornsirup

4 EL Erdnussbutter (cremig oder crunchy)

Den Backofen auf 170 °C vorheizen. Ein großes Backblech mit Backpapier belegen oder ein Backblech mit Antihaftbeschichtung verwenden.

Puffreis, getrocknete Banane und Cashewkerne in einer großen Schüssel vermengen. Die zerdrückte Banane und das Kokosöl zugeben und unterrrühren.

Ahornsirup und Erdnussbutter in einer kleinen Schüssel mischen. Falls nötig, ein wenig Wasser zugeben, damit die Paste etwas lockerer wird.

Die Paste anschließend zur Puffreismischung geben und gründlich vermengen. Die Mischung auf dem Backblech verteilen und flachdrücken, sodass sie bis an den Rand reicht.

12–15 Minuten backen, bis die Masse goldbraun und fest ist. Ein wenig abkühlen lassen und dann in Stücke brechen (Größe nach Wunsch).

In einem luftdichten Behälter sind die Crossies etwa 3–4 Tage haltbar.

Früchtebrot mit Nüssen & Cranberrys / Mandelbutter

\\\\\\\\\\\\\\\\\\\\\\\\\\\\\\\\\\\\\

FÜR 4–6 PERSONEN

Öl zum Einfetten

100 g Kürbiskerne

100 g Cashewkerne

100 g Mandeln

100 g Haselnüsse

100 g Pistazien, geschält

100 g getrocknete Cranberrys

5 Eier, verquirlt

100 ml Olivenöl

1 große Prise Meersalzflocken

TOPPING

130 g Mandelbutter (oder
  Mandelmus)

3 Bananen, in Scheiben
  geschnitten

1 EL Chiasamen oder
  gemischte Saaten

1 Kastenform (25 cm)

Den Backofen auf 160 °C vorheizen. Die Kastenform mit etwas Öl einfetten.

Alle Zutaten für das Früchtebrot in einer Schüssel vermengen. In die Kastenform füllen und 55 Minuten backen.

Das Früchtebrot in der Form etwas abkühlen lassen und dann auf ein Kuchengitter stürzen. Warm servieren oder ganz abkühlen lassen.

Zum Servieren das Brot aufschneiden. Dann mit Mandelbutter bestreichen, mit den frisch aufgeschnittenen Bananenscheiben belegen und mit Chiasamen oder den gemischten Saaten bestreuen.

Das ganze Brot ist in einem luftdichten Behälter im Kühlschrank bis zu 1 Woche haltbar.

Vollkornbrot

ERGIBT 1 LAIB

360 g GF-Vollkornmehl, plus
   etwas mehr zum Bestäuben
90 g GF-Haferflocken
8 g Meersalzflocken,
   gemahlen
20 g GF-Backnatron
4 Eigelb
300 ml Buttermilch oder
   Naturjoghurt (oder
   Vollmilch mit 1 EL
   Zitronensaft vermengt)
Milch zum Glasieren

1 feuerfester Topf mit schwerem
   Boden oder 1 Schmortopf
   (ca. 22 cm ø)
1 feuerfeste Schale

Den Backofen auf 180 °C vorheizen.

Mehl, Haferflocken, Salz und Backnatron in einer großen Schüssel vermengen. In die Mitte eine Mulde drücken und 50 ml EL Wasser, Eigelbe und Buttermilch hineingeben. Alles zu einem glatten Teig verrühren und kneten.

Den Teig zu einem runden oder ovalen Laib formen und auf der Oberfläche ein Muster der Wahl einschneiden, z. B. ein Kreuz- oder Netzmuster. Mit einem Teigpinsel ein wenig Milch auftragen.

Den Topf vorbereiten: Leicht mit Wasser befeuchten und dann mit etwas Mehl bestäuben. Den Brotteig in den Topf legen. Dank des Mehls bleibt er nicht am Boden haften.

Damit das Brot eine schöne Kruste bekommt, stellt man eine feuerfeste Schale mit Wasser auf den Boden des Backofens, sodass sich beim Backen Dampf bildet. Nach der Hälfte der Backzeit Wasser nachgießen.

Den Teig mit ein wenig Mehl bestäuben und 8–10 Minuten backen. Dann die Hitze auf 160 °C reduzieren und weitere 15 Minuten backen, bis der Laib goldbraun ist.

Das Brot aus dem Topf nehmen und auf einem Kuchengitter abkühlen lassen.

Brotzopf mit Oliven & Oregano

ERGIBT 1 BROTZOPF

500 g GF-Vollkornmehl

1 TL Salz

7 g Trockenhefe

2 EL feinster Backzucker

75 g Butter, zerlassen

350 ml Vollmilch, plus etwas
mehr zum Glasieren

2 Eier, verquirlt

1 TL Apfelessig

150 g schwarze Oliven
ohne Stein

6 Stängel frischer Oregano,
Blätter abgepflückt

Olivenöl

Mehl, Salz, Hefe und Zucker im Mixer mit dem Knethaken vermengen. Die zerlassene, aber leicht abgekühlte Butter einrühren, dann Milch und Eier zugeben und wiederum vermischen. Essig, Oliven und Oregano zufügen und alles zu einem glatten Teig verarbeiten.

Den Teig zu einem langen Baguette formen und längs in drei Stränge schneiden. Dabei etwa 2 cm am Ende stehen lassen, sodass die drei Stränge noch miteinander verbunden sind. Den Teig zu einem Zopf flechten. Dann die Enden zusammenfügen, sodass ein geflochtener Kranz entsteht.

Auf ein eingeöltes Backblech oder in einen eingefetteten Schmortopf legen und 45 Minuten gehen lassen. Den Backofen auf 220 °C vorheizen.

Den Zopf mit etwas Milch oder Wasser bestreichen und 15 Minuten backen. Dann die Hitze auf 200 °C reduzieren und weitere 15–20 Minuten backen, bis er goldbraun ist.

Wenn man mit den Fingern auf das fertige Brot klopft, sollte es hohl klingen. Auf einem Kuchengitter abkühlen lassen.

Walnuss-Rosinen-Brot

FÜR 4–6 PERSONEN

5 Eier

3 EL Kokosöl, zerlassen

2 EL Honig

260 g gemahlene Mandeln

1 TL Backpulver

½ TL gemahlener Zimt

1 Prise Meersalzflocken

130 g Walnusshälften,
  geröstet

70 g Rosinen

Butter zum Servieren

1 Kastenform (25 cm)

Den Backofen auf 180 °C vorheizen. Die Kastenform mit Backpapier auslegen.

Die Eier in eine große Schüssel aufschlagen. Kokosöl und Honig zugeben und gut verquirlen.

Mandeln, Backpulver, Zimt und Salz zufügen und kurz verrühren. Dann die Walnüsse und Rosinen zugeben und alles gründlich vermengen.

Die Mischung in die Kastenform füllen. 30–35 Minuten backen, bis das Brot goldbraun ist.

Aus dem Backofen nehmen und leicht abkühlen lassen, dann aus der Form stürzen. In Scheiben schneiden und noch warm mit Butter servieren.

Dein neuer Freund: glutenfreies Mehl

Reismehl

Eignet sich wunderbar für Pasta, Nudeln und Pfannkuchen. Weißes Reismehl ist fast überall erhältlich – braunes Reismehl muss man hingegen erst einmal suchen (probier es im Bioladen oder im Reformhaus), dafür ist es aber wesentlich gesünder.

Kichererbsenmehl

Das ballaststoffreiche Mehl ist aus der indischen Küche nicht wegzudenken, da es ideal für schnelle Fladenbrote ist. Du kannst es auch für flüssigen Backteig verwenden – so wird das Frittiergut herrlich knusprig.

Gemahlene Mandeln / Mandelmehl

Sehr fein gemahlene Mandeln werden als Mandelmehl verkauft, aber du kannst genauso gut normale »gemahlene Mandeln« nehmen. Mit ihrem mild-nussigen Aroma sind sie perfekt für Kuchen, Muffins, Makronen, Törtchenböden und Kekse.

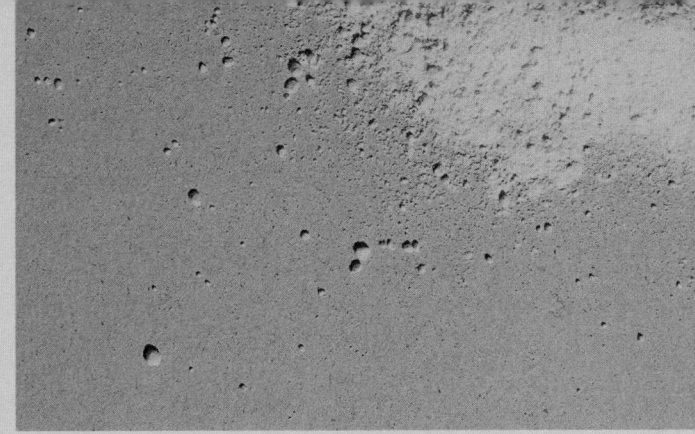

Hafermehl

Aus nicht kontaminierten Haferflocken hergestelltes Hafermehl ist zum Glück glutenfrei: Es verleiht Gebäck, Brot, Muffins und Kastenkuchen ein wunderbar üppignussiges Aroma. Zudem speichert es viel Feuchtigkeit, was besonders wichtig beim Backen ist, und macht Haferkekse schön bissfest.

Kokosmehl

Besteht aus dem getrockneten und gemahlenen Fruchtfleisch der Kokosnuss. Obwohl es sich zum Backen von Brot und Kuchen eignet, speichert es nur wenig Feuchtigkeit, weshalb das Endergebnis recht trocken werden kann. Zum Ausgleich sollte man also viele feuchte Zutaten verwenden.

Quinoamehl

Perfekt zum Brotbacken, für Brownies und Pfannkuchen. Es hat einen hohen Eiweißgehalt.

Buchweizenmehl

Lass dich nicht vom »weizen« in der Wortmitte abschrecken: Dieses Mehl ist vielmehr ein simpler glutenfreier Ersatz für Weizenmehl. Ein Bonus: Buchweizenmehl enthält viele Antioxidantien.

Tapiokamehl

Tapioka gibt es als Kügelchen, Flocken, Stärke und Mehl – es lässt sich folglich auf unterschiedlichste Weise einsetzen: Eine weitere wunderbare Alternative also zu Weizenmehl. Es eignet sich auch als Verdickungsmittel in Saucen und Suppen oder zur Herstellung von puddingartigen Nachspeisen.

Teffmehl

Dieses Mehl schmeckt nussig und ist im Vergleich zu Weizenmehl sehr gesund (eisen- und eiweißreich). Außerdem eignet es sich gut zum Backen. Dieses Urgetreide ist auch als Hauptzutat äthiopischer Fladenbrote bekannt.

Gesundheitliche Probleme trotz Brotverbot? Schuld daran ist vielleicht der Toaster, ein Gemeinschaftsgerät und der ultimative Glutensammler. Schiebe dein GF-Brot also lieber nicht mehr in den Toaster, sondern benutze ganz einfach den ohnehin meist in das Gerät integrierten Brötchenaufsatz!

Nutze die Kraft der Kräuter und verleihe einem Alltagsgericht höhere Weihen. Du kannst Öl aromatisieren (siehe Seite 81–83), köstliche Kräuterbutter selbst machen (siehe Seite 84) oder die Kräuter als frisches Topping verwenden.

Confierte Kirschtomaten, Knoblauchzehen oder Schalotten

ERGIBT JE 1 GROSSES GLAS

BASISMISCHUNG

550 ml Olivenöl

1 Knoblauchknolle, Zehen
  geschält

5 Zweige frischer Rosmarin
  oder Thymian

2 frische Lorbeerblätter

1 gute Prise Meersalzflocken

1 EL schwarze Pfefferkörner,
  grob gemahlen

Abrieb von ½ Bio-Zitrone

CONFIERTE KIRSCHTOMATEN

5–6 große Stiele mit
  Kirschtomaten von guter
  Qualität

CONFIERTER KNOBLAUCH

5 Knoblauchknollen, geschält

CONFIERTE SCHALOTTEN

400–500 g kleine, runde
  Schalotten, geschält

1 mittelgroßer Topf mit
  schwerem Boden oder
  1 Schmortopf
Sterilisierte Einmachgläser

Zuerst die Grundmischung zubereiten: Danach kannst
du dich entweder den Tomaten, dem Knoblauch oder den
Schalotten widmen – oder gleich so viel zubereiten, dass
es für je 1 Glas reicht.

Das Öl in einen mittelgroßen Topf mit schwerem Boden
oder in einen Schmortopf gießen und bei niedriger
Temperatur erhitzen. Dann Knoblauch, Kräuter, Salz,
Pfeffer und Zitronenschale zugeben.

Kirschtomaten am Stiel oder Knoblauch oder Schalotten ins
heiße Öl geben. Die Hitze reduzieren und 20–25 Minuten
köcheln lassen, bis die Tomatenhaut faltig und weich ist
oder der Knoblauch bzw. die Schalotten weich sind.

Vom Herd nehmen, abkühlen lassen und den Inhalt in ein
sterilisiertes Einmachglas füllen.

Kalt oder im Kühlschrank aufbewahrt ist die Mischung
etwa 1 Monat haltbar.

Confierte Artischocken

ERGIBT 1 GROSSES GLAS

550 ml Olivenöl

1 Knoblauchknolle, Zehen
   geschält

5 Zweige frischer Thymian

2 frische Lorbeerblätter

1 gute Prise Meersalzflocken

1 EL schwarze Pfefferkörner,
   grob gemahlen

1 ganze Bio-Zitrone, plus der
   Abrieb von ½ Bio-Zitrone

10 große Artischocken

1 mittelgroßer Topf mit
   schwerem Boden oder
   1 Schmortopf
1 sterilisiertes Einmachglas

Das Öl in einen mittelgroßen Topf mit schwerem Boden oder in einen Schmortopf gießen und bei niedriger Temperatur erhitzen. Dann Knoblauch, Kräuter, Salz, Pfeffer und Zitronenschale zugeben und schmoren lassen, während die Artischocken zubereitet werden.

Eine große Schüssel mit kaltem Wasser füllen. Die Zitrone halbieren, ausdrücken und den Saft zusammen mit den Zitronenhälften ins Wasser geben.

Die äußeren Blätter einer Artischocke abziehen, bis die helleren Blätter zu sehen sind. Den oberen Teil der Artischocke abschneiden und etwa 2,5–4 cm stehen lassen. Mit einem Gemüseschäler die Unterseite und den Stängel schälen. So werden Fasern entfernt und die Artischocke sieht hübscher aus.

Die Artischocke längs durch den Stängel halbieren und den weichen, fasrigen Innenteil entfernen.

Die Artischockenhälften sofort in das Zitronenwasser legen. So oxidieren sie nicht und das Fruchtfleisch behält seine helle Farbe. Mit den restlichen Artischocken ebenso verfahren.

Die Artischockenhälften ins Öl legen, die Hitze erhöhen und erst reduzieren, wenn sich kleine Bläschen im Öl gebildet haben. 15–20 Minuten bei niedriger Temperatur confieren, bis die Artischocken weich sind, aber nicht zerfallen. Mit Backpapier abdecken, damit nichts aus dem Öl herausragt.

Die Artischocken abkühlen lassen und dann mit dem Öl in ein sterilisiertes Einmachglas füllen. Sie sind 1 Monat haltbar.

Das Confit-Öl kannst du aufheben und für Dressings oder zum Braten und Schmoren verwenden.

Piccalilli

ERGIBT 3–4 MITTELGROSSE GLÄSER

1 großer Kopf Blumenkohl,
   in kleine Röschen zerteilt
   (den Strunk ebenfalls
   verwenden, gewürfelt)
300 g grüne Bohnen, grob
   gehackt
2 grüne Chilischoten, in feine
   Ringe geschnitten
15 kleine, runde Schalotten,
   geschält und geviertelt
2 kleine Gurken, längs halbiert,
   nochmals halbiert und dann
   in Stücke geschnitten
200 g Meersalzflocken

SAUCE
2 gehäufte EL gemahlener
   Kreuzkümmel
2 EL Senfsamen
2 EL gemahlene Kurkuma
1 EL schwarzer Pfeffer aus
   der Mühle
2 EL Senfmehl
3 EL GF-Mehl
300 ml Weißweinessig
3 EL feinster Backzucker
2 Knoblauchzehen, geschält
   und in feine Scheiben
   geschnitten
3 Lorbeerblätter

Sterilisierte Einmachgläser

Zuerst Blumenkohl, Bohnen, Chilis, Schalotten und Gurken in einer großen Schüssel mit Salz bestreuen und mit Wasser bedecken. Mindestens 1–2 Stunden wässern und dann abseihen.

Für die Sauce Kreuzkümmel, Senfsamen, Kurkuma, schwarzen Pfeffer, Senfmehl und Mehl in einem großen Topf vermengen. Essig und Zucker zugeben, bei mittlerer bis niedriger Temperatur erhitzen und alles zu einer Paste vermengen. Falls die Sauce zu dickflüssig ist, etwas Wasser zugeben. 2–3 Minuten köcheln lassen, bis sich der Zucker aufgelöst hat.

Knoblauch und Lorbeerblätter zugeben, dann das abgeseihte Gemüse zufügen. Gründlich vermengen, bis das Gemüse rundum von Sauce bedeckt ist. Bei mittlerer Temperatur 10–12 Minuten köcheln lassen.

Auf sterilisierte Einmachgläser verteilen und jeweils mit einem Deckel luftdicht verschließen. Vor dem Verzehr zunächst 4–5 Wochen durchziehen lassen. Trocken und kühl gelagert ist Piccalilli 1–2 Monate haltbar. Geöffnetes Glas im Kühlschrank aufbewahren.

Schalotten-Pickles

ERGIBT 1 GROSSES GLAS
oder 2 mittelgroße Gläser

25–30 kleine, runde
   Schalotten, geschält
   (siehe Tipp)
40 g Salz
1 l Weißweinessig
150 g Zucker
1 EL ganze schwarze
   Pfefferkörner
2 TL Koriandersamen
1 Lorbeerblatt
½ rote Chilischote, in feine
   Ringe geschnitten

Sterilisierte Einmachgläser

**/ Die Schalotten mit
kochendem Wasser
bedecken und 10 Minuten
ziehen lassen – so lassen
sich die Schalen ganz
einfach abrubbeln.**

Die Schalotten in einer Schüssel mit Salz bedecken und über Nacht durchziehen lassen.

Die Schalotten abspülen und dann mit Küchenpapier trocken tupfen.

Essig, Zucker, Pfeffer, Koriandersamen, Lorbeerblatt und Chili mit 800 ml Wasser bei mittlerer Temperatur erhitzen, bis sich der Zucker auflöst. Die Flüssigkeit soll jedoch nicht kochen.

Die Schalotten in die sterilisierten Einmachgläser füllen und komplett mit dem warmen Essig und den Gewürzen bedecken. Jeweils mit einem Deckel luftdicht verschließen und vor dem Verzehr zunächst 3–4 Wochen durchziehen lassen. Dazu kühl und trocken lagern.

Das Glas nach dem Öffnen im Kühlschrank aufbewahren. Die eingelegten Schalotten sind 1–2 Monate haltbar.

Sticky Chilli Jam

ERGIBT 2–3 KLEINE GLÄSER

5 rote Chilischoten, Samen
  entfernt und grob gehackt
1 Stück frischer Ingwer
  (2,5 cm), geschält und grob
  gehackt
1 Zwiebel, gewürfelt
3 Knoblauchzehen, geschält
450 g feinster Backzucker
100 ml Apfelessig

Sterilisierte Einmachgläser

Chilis, Ingwer, Zwiebel und Knoblauch mit 100 ml Wasser im Mixer fein hacken.

Die Chilimischung mit Zucker und Essig in einem Topf vermengen und bei mittlerer Temperatur 3–4 Minuten erhitzen, bis sich der Zucker aufgelöst hat.

Die Hitze erhöhen und die Mischung zum Kochen bringen. Dann die Hitze wieder reduzieren und die Mischung 20–25 Minuten köcheln lassen, bis sie klebrig ist und in der Konsistenz an Marmelade erinnert.

Die heiße Chilimarmelade vorsichtig in die heißen, sterilisierten Einmachgläser löffeln, luftdicht verschließen und zum Abkühlen beiseitestellen. Die Gläser nach dem Öffnen im Kühlschrank aufbewahren und innerhalb von 1 Monat verzehren.

Kräuteröle

ÖL MIT PETERSILIE, ZITRONE
& SCHWARZEM PFEFFER

1 großes Bund frische
   glatte Petersilie, Blätter
   abgepflückt
1 gute Prise Meersalzflocken
1 TL schwarzer Pfeffer aus
   der Mühle
Abrieb und Saft von ½ Bio-
   Zitrone
250 ml Rapsöl

ÖL MIT KORIANDER &
JALAPEÑO

1 großes Bund frisches
   Koriandergrün, Blätter
   abgepflückt
1 gute Prise Meersalzflocken
Abrieb und Schale von 1 Bio-
   Limette
1 Jalapeño, Stielende entfernt
   und geviertelt
250 ml Rapsöl

Mulltuch (Länge 60–100 cm)
Sterilisierte Flaschen

Jeweils alle Zutaten im Mixer fein pürieren. Nach Belieben abschmecken.

In einen Topf füllen und unter ständigem Rühren bei hoher Temperatur zum Kochen bringen. 2 Minuten kochen lassen – die Flüssigkeit sollte leuchtend grün sein.

Eine flache Schale mit Eiswasser füllen und eine Metallschüssel ins Wasser stellen. Das Öl durch ein mit einem Mulltuch ausgelegtes Sieb in die Metallschüssel abseihen. Dadurch wird es schnell abgekühlt.

Das Öl in eine sterilisierte Flasche mit luftdichtem Verschluss füllen. So ist es 2–3 Monate haltbar.

Minzöl

ERGIBT 1 KLEINE FLASCHE

1 großes Bund frische Minze,
Blätter abgepflückt

Abrieb und Schale von 1 Bio-
Limette

250 ml Rapsöl

Salz und schwarzer Pfeffer
aus der Mühle

Mulltuch (Länge 60–100 cm)
1 sterilisierte Flasche

Alle Zutaten im Mixer fein pürieren.
Nach Belieben abschmecken.

In einen Topf füllen und unter
ständigem Rühren bei hoher
Temperatur zum Kochen bringen.
2 Minuten kochen lassen – die
Flüssigkeit sollte leuchtend grün sein.

Eine flache Schale mit Eiswasser
füllen und eine Metallschüssel ins
Wasser stellen. Das Öl durch ein mit
einem Mulltuch ausgelegtes Sieb in
die Metallschüssel abseihen. Dadurch
wird es schnell abgekühlt.

Das Öl in eine sterilisierte Flasche
mit luftdichtem Verschluss füllen.
So ist es 2–3 Monate haltbar.

Mit ein wenig Öl beträufelt wird aus einem schlichten Gericht eine kulinarische Sensation.

Aromatisierte Öle

ERGIBT JE 1 GROSSE FLASCHE

ÖL MIT ROSMARIN &
THYMIAN

6–8 Zweige frischer Rosmarin
  und Thymian
1 l Olivenöl

~~~~~~~~~~~~~~~~~~~~~~~~~~~~~

CHILIÖL

6 Vogelaugenchilischoten
  (für mehr Schärfe die
  Chilischoten einstechen,
  aber ganz lassen)
3–4 TL Chiliflocken
  (nach Belieben)
1 l Olivenöl

~~~~~~~~~~~~~~~~~~~~~~~~~~~~~

ÖL MIT GERÄUCHERTEM
KNOBLAUCH

1 Knolle geräucherter
  Knoblauch, Zehen geschält,
  aber ganz
1 EL schwarze Pfefferkörner
1 Lorbeerblatt
1 l Olivenöl

Sterilisierte Flaschen

Ein Rezept auswählen und die
entsprechenden Aromazutaten
(ohne Öl) in eine sterilisierte
Glasflasche füllen.

Das Olivenöl langsam auf 75 °C
erhitzen, sodass es heiß ist, aber
noch nicht kocht. Dann über die
Aromazutaten in der Flasche gießen.

Die Flasche luftdicht verschließen
und 1 Monat an einem dunklen,
kühlen Ort durchziehen lassen. Das
Öl sollte innerhalb von 3 Monaten
aufgebraucht werden.

Kräuterbutter

ERGIBT JE 200 G

BASILIKUMBUTTER

30 g frisches Basilikum

1 Prise (geräucherte)
    Meersalzflocken

Abrieb von ½ Bio-Zitrone
    (nach Belieben)

200 g Butter von guter
    Qualität, plus 2 EL
    (Zimmertemperatur)

BUTTER MIT RÄUCHERSALZ &
THYMIAN

30 g frische Thymianblätter

1 Prise (geräucherte)
    Meersalzflocken

Abrieb von ½ Bio-Zitrone
    (nach Belieben)

200 g Butter von guter
    Qualität, plus 2 EL
    (Zimmertemperatur)

BÄRLAUCHBUTTER

30 g frischer Bärlauch

1 Prise (geräucherte)
    Meersalzflocken

Abrieb von ½ Bio-Zitrone
    (nach Belieben)

200 g Butter von guter
    Qualität, plus 2 EL
    (Zimmertemperatur)

Eine Kräuterbuttervariante auswählen. Für die Basilikum-
oder Thymianbutter die Blätter von den Stängeln bzw.
Zweigen zupfen. Die Blätter oder den Bärlauch im Mörser
mit den Meersalzflocken und nach Belieben mit der
Zitronenschale vermengen.

Gründlich mit dem Stößel zerkleinern und gut mit der
weichen Butter vermengen. Die Mischung dann auf ein
großes Stück Klarsichtfolie geben.

Die Butter beim Einwickeln zu einer länglichen Rolle
formen, anschließend entweder im Kühlschrank oder
im Tiefkühler aufbewahren. Im Kühlschrank ist sie
einige Wochen, im Tiefkühler etwa 6 Monate haltbar
(vor dem Verzehr im Kühlschrank auftauen lassen).

Calamariringe / Knusprige Salbeiblätter mit Trüffelhonig

FÜR 4–6 PERSONEN

TEIG

150 g GF-Mehl, gemischt mit
1 TL Backpulver, plus 2 EL
GF-Mehl
225 ml eiskaltes
Mineralwasser mit
Kohlensäure
1 Prise Meersalzflocken
Abrieb von ½ Bio-Zitrone

CALAMARIRINGE

1 l Pflanzenöl
3 mittelgroße Tintenfischtuben
(à 120 g), in 5 mm breite
Ringe geschnitten
2 Kaffirlimettenblätter, in sehr
feine Streifen geschnitten
1 grüne Chilischote, in feine
Ringe geschnitten
2 Frühlingszwiebeln, in feine
Ringe geschnitten
1 Prise Meersalzflocken

KNUSPRIGE SALBEIBLÄTTER

3 Bund frischer Salbei, Blätter
nicht abgepflückt
Pflanzenöl zum Ausbacken
der Salbeiblätter
1 Prise Meersalzflocken
Trüffelhonig (nach Belieben)

Die Teigzutaten in einer Schüssel zu einem glatten Teig verquirlen und anschließend kalt stellen.

Das Öl in einem großen Topf auf 180 ˚C erhitzen. Die Temperatur ist erreicht, sobald Blasen aufsteigen, wenn man ein kleines Stück Brot ins Öl legt, und sobald das Brot an die Oberfläche steigt.

Den Teig aus dem Kühlschrank nehmen. Die Calamariringe in den Teig tauchen und dann ins heiße Öl legen – nicht zu viele auf einmal, sondern nur jeweils 5–6 Stück. Vor jeder Portion das Öl erhitzen, bis es wieder die nötige Frittiertemperatur erreicht hat.

Calamariringe 1 Minute frittieren, bis sie knusprig und fast goldbraun sind. Dann mit dem Schaumlöffel aus dem Öl holen und auf Küchenpapier abtropfen lassen. Auf einen Servierteller legen und mit Kaffirlimettenblättern, Chili, Frühlingszwiebeln und Meersalz bestreuen. Am besten heiß servieren.

Die Stängel mit den Salbeiblättern in den Teig tauchen und dann 1 Minute ins heiße Öl legen. Sollen die Blätter nur dünn mit Teig bedeckt sein, die Stängel nach dem Eintunken kurz abtropfen lassen.

Auf diese Weise 4–5 Stängel gleichzeitig frittieren. Sobald die Blätter knusprig und fast goldbraun sind, mit dem Schaumlöffel aus dem Öl nehmen und auf Küchenpapier abtropfen lassen. Mit Salz bestreuen und mit etwas Trüffelhonig beträufeln.

Maischips
/ Thymiansalz

FÜR 4–6 PERSONEN

4 Maistortillas, in
  mundgerechte Dreiecke
  geschnitten
etwas Öl zum Beträufeln

THYMIANSALZ

6 Zweige frischer Thymian,
  Blätter abgepflückt
1 EL Meersalzflocken

**/ Tortillas aus Maismehl
findest du bei uns in
Supermärkten eher
selten. Bestelle sie online
oder mache sie aus »PAN
Harina de Maiz« ganz
einfach selbst.**

Den Backofen auf 190 °C vorheizen.

Die Tortilladreiecke auf ein Backblech mit Antihaftbeschichtung
oder mit Backpapier legen.

Mit etwas Öl beträufeln und 10–12 Minuten backen,
bis sie goldbraun sind.

Für das Thymiansalz Thymianblätter und Meersalzflocken im
Mörser mit dem Stößel zerkleinern. Die fertige Mischung über
die noch warmen Maischips streuen.

Cracker aus Tapioka & Tintenfischtinte

FÜR 4–8 PERSONEN

150 g Tapioka (kleine
 Kügelchen)
1 Tütchen Tintenfischtinte
 (7 g)
1 l Pflanzenöl, plus etwas
 mehr zum Bestreichen
Meersalzflocken
Hummus mit Schalotten und
 Guacamole (siehe Seite 91)
 zum Servieren

Den Backofen auf 150 °C vorheizen.

Wasser in einem mittelgroßen Topf zum Kochen bringen
und die Tapiokakügelchen zugeben. Unter ständigem
Verquirlen erhitzen, bis sie an die Oberfläche steigen.
Die Hitze reduzieren und unter gelegentlichem Rühren
12 Minuten köcheln lassen. Den Topf vom Herd nehmen,
aber die Tapiokakügelchen noch 5–10 Minuten gar ziehen
lassen, bis das Innere durchsichtig und nicht mehr weiß
ist.

Die Kügelchen abseihen und gut abtropfen lassen.
Kurz abspülen, um die Stärke zu entfernen, und erneut
abtropfen lassen. Dann in eine Schüssel füllen, die
Tintenfischtinte zugeben und gut vermengen.

Ein Backblech mit Backpapier belegen. Das Backpapier
mit etwas Öl bestreichen, damit die Kügelchen später
nicht anhaften. Eine dünne, gleichmäßige Schicht Tapioka
auftragen. Dann das Backblech in den Backofen schieben.

2–3 Stunden im Backofen trocknen lassen. Dann
herausnehmen und grob in Stücke (ca. 7,5 cm) brechen.

Das Pflanzenöl in einem großen Topf erhitzen und
die Tapiokastücke portionsweise frittieren, bis sie
aufgehen. Mit dem Schaumlöffel herausnehmen und
auf Küchenpapier abtropfen lassen. Mit etwas Meersalz
bestreuen und abkühlen lassen.

Hummus mit Schalotten und Guacamole dazu reichen.

Guacamole

FÜR 4–6 PERSONEN

2 Knoblauchzehen, geschält

1 gute Prise Meersalzflocken

½ grüne Chilischote

2 sehr reife Avocados,
  entkernt, Fruchtfleisch
  ausgelöst und gewürfelt

Saft von 2 Limetten, plus bei
  Bedarf etwas mehr

½ kleine rote Zwiebel, fein
  gewürfelt

einige Stängel Koriandergrün,
  grob gehackt

Raps- oder Olivenöl zum
  Beträufeln

Knoblauch und Meersalzflocken im Mörser mit dem Stößel zerstoßen. Chili fein würfeln und zugeben und alles zu einer glatten Paste zerstoßen. Oder nach Belieben alle Zutaten im Mixer pürieren.

Dann die Avocados zufügen und alles zu einer groben bis mittelfeinen Paste vermengen. Limettensaft und rote Zwiebel untermischen und zum Schluss das Koriandergrün zufügen und mit etwas Öl beträufeln. Alles gut vermengen.

Sofort servieren oder noch mit etwas Limettensaft beträufeln, damit die Guacamole nicht braun wird. Bis zum Verzehr im Kühlschrank aufbewahren.

Hummus mit Schalotten

FÜR 4–6 PERSONEN

1 Dose Kichererbsen (400 g)

Saft von 1 Zitrone

3 EL Tahini (Sesampaste)

2 Knoblauchzehen, geschält

1 gute Prise Meersalzflocken

einige Schuss Olivenöl

2 Bananenschalotten, in feine
  Ringe geschnitten

2 Zweige frischer Thymian,
  Blätter abgepflückt

Kichererbsen mit ein wenig Flüssigkeit aus der Dose, Zitronensaft und Tahini im Mixer pürieren. Dann erst Knoblauch und Salz zugeben – so haften die Zutaten nicht am Rand des Behälters. Auf höchster Stufe zu einer glatten Paste pürieren.

Das Öl in einer großen Pfanne erhitzen und dann Schalotten und Thymian zugeben. Bei mittlerer Temperatur 5–6 Minuten braten, bis die Schalotten durchsichtig, klebrig und leicht goldbraun sind. Die Schalotten zum Hummus in den Mixer geben und nochmals fein pürieren.

Hummus mit einem guten Schuss Olivenöl und 1 Prise Meersalzflocken garnieren und dann servieren.

Health Food ist wortwörtlich in aller Munde. Interessante Getreidesorten und ungewöhnliche Snacks (von Nussriegeln bis zu Kichererbsenchips) gehören inzwischen zu unserem Alltag – und viele davon sind glutenfrei. Sei mutig und probiere neue Sachen aus!

Baba Ganoush / Hausgemachte Fladenbrote

//////////////////////////////

FÜR 4–6 PERSONEN

4 mittelgroße Auberginen

1 gehäufter EL Tahini
  (Sesampaste)

½ TL gemahlener
  Kreuzkümmel

Abrieb von 1 Bio-Zitrone

Saft von 2 Zitronen

einige Schuss Olivenöl von
  guter Qualität

Salz und schwarzer Pfeffer
  aus der Mühle

2 EL Zatar in Öl

1 kleines Bund frische
  Petersilie, fein gehackt

FLADENBROTE

380 g GF-Mehl, gemischt
  mit 2 TL Backpulver, plus
  etwas mehr GF-Mehl zum
  Bestäuben

1 Prise Meersalzflocken

Abrieb von ½ Bio-Zitrone

270 ml Naturjoghurt

Den Backofen auf 220 °C vorheizen.

Jede Aubergine mehrfach mit einer Gabel einstechen. Wer einen Gasherd hat, hält die Auberginen vorsichtig mit einer Zange über die Flamme, bis die Haut blasig wird. Ansonsten die Auberginen unter den Backofengrill legen, die Haut einige Minuten ankohlen lassen und dann wenden, bis die Auberginen rundum blasig sind. Anschließend die Auberginen auf ein Backblech legen und 15–20 Minuten backen, bis sie weich sind.

Danach kurz abkühlen lassen. Anschließend die Haut abziehen und das Fruchtfleisch im Mixer mit Tahini, Kreuzkümmel, Zitronenabrieb und -saft sowie Öl pürieren, bis keine groben Auberginenstückchen mehr zu sehen sind. Nach Belieben mit Salz und Pfeffer abschmecken, dann Zatar und Petersilie unterrühren.

Für die Fladenbrote Mehl, Salz und Zitronenabrieb vermengen, dann Joghurt und 80 ml Wasser zugeben und alles zu einem Teig verkneten. In 6 Stücke aufteilen und jedes Stück zu einem Kreis mit 5 mm Dicke ausrollen. Mit etwas mehr Mehl bestäuben, damit die Teigstücke nicht haften bleiben.

Eine (Grill-)Pfanne erhitzen, bis sie beinahe raucht. Dann die Teigkreise 30–40 Sekunden von jeder Seite backen, bis sie sich aufblasen. Oder 2–3 Minuten unter den Grill des Backofens legen, bis sie goldbraun sind.

Die Fladenbrote mit dem Baba Ganoush servieren.

Portionsweise vorkochen ist toll, aber nicht immer praktisch. Bereite dir mundgerechte Snacks zu, die sich gut mitnehmen lassen. So bist du für Hungeranfälle und Restaurantkatastrophen gut gerüstet. Probiere doch einfach die Bällchen auf Seite 58, eine Scheibe Früchtebrot von Seite 62 oder aber die Törtchen auf Seite 38 aus.

Wolfsbarsch / Sauce mit Koriander, Limette & Tahini

FÜR 4 PERSONEN

Oliven- oder Rapsöl

ca. 20 Curryblätter

4 Wolfsbarschfilets oder ein
anderer weißfleischiger
Fisch aus nachhaltigem
Fang (à 200 g), mit Haut
und ohne Stehgräten

Salz und schwarzer Pfeffer
aus der Mühle

Abrieb und Saft von ½ Bio-
Limette

einige Stängel frisches
Koriandergrün

SAUCE MIT KORIANDER,
LIMETTE & TAHINI

1 großes Bund
Koriandergrün, Blätter
abgepflückt, Enden
abgeschnitten

2 Knoblauchzehen

½–1 grüne Chilischote (nach
Belieben)

100 ml Tahini (Sesampaste)

Saft von 4–5 Limetten

Die Zutaten für die Sauce im Mixer mit 150 ml Wasser
pürieren. Abschmecken und beiseitestellen.

1 Schuss Öl in eine große Pfanne geben und die Hälfte
der Curryblätter zugeben. Das Öl sollte dabei so heiß
sein, dass es gleich sprudelt. 1 Minute braten, bis sie
leuchtend grün und knusprig sind. Herausnehmen und
auf Küchenpapier abtropfen lassen.

Dann die Fischfilets mit Küchenpapier trocken tupfen
und beide Seiten mit Salz und Pfeffer würzen. Erneut
1 guten Schuss Öl in die Pfanne geben, in der bereits die
Curryblätter gebraten wurden, und bei mittlerer bis hoher
Temperatur erhitzen. Die Fischfilets mit der Hautseite
nach unten ins heiße Öl legen.

2–3 Minuten braten, bis die Haut goldbraun und
knusprig ist. Wenden und weitere 2–3 Minuten braten.
Die restlichen Curryblätter zum Aromatisieren zugeben.
Der Fisch ist gar, sobald er auch in der Mitte nicht mehr
durchsichtig ist.

Die Fischfilets mit einem großen Klecks Tahini-
Sauce servieren. Mit Limettensaft beträufeln und mit
Curryblättern, Koriander und Limettenabrieb garnieren.

Ricotta-Kräuter-Gnudi / Sauce mit schwarzem Pfeffer & Parmesan

////////////////////////////

FÜR 4 PERSONEN

GNUDI

50 g frische Basilikumblätter,
   fein gehackt

220 g Ricotta

120 g fein geriebener
   Parmesan

½ frische Muskatnuss, fein
   gerieben

Salz und schwarzer Pfeffer
   aus der Mühle

1 Bio-Ei (Größe L)

110 g Kichererbsenmehl,
   plus bei Bedarf etwas mehr

1 großes Stück Butter

SAUCE MIT SCHWARZEM
PFEFFER & PARMESAN

200 g Crème double

100 ml Vollmilch

2 große Eigelb

Salz und schwarzer Pfeffer
   aus der Mühle

50 g fein geriebener
   Parmesan, plus etwas mehr
   zum Servieren

Für die Gnudi Basilikumblätter und Ricotta im Mixer pürieren. Die Mischung herausnehmen und in eine Schüssel füllen. Parmesan, Muskatnuss, Salz, Pfeffer und Ei zugeben.

Gut verquirlen, sodass die Mischung schön luftig wird. Dann vorsichtig das Mehl unterheben. Falls die Mischung zu feucht ist, noch ein wenig Mehl zufügen. Sie sollte halbfest und nicht zu klebrig sein.

Die Butter in einer großen Pfanne bei mittlerer Temperatur erhitzen. Mit einem Esslöffel große Nocken abstechen und in die heiße Pfanne geben. 1–2 Minuten braten, bis sie knusprig sind, und dann wenden. Aus der Pfanne nehmen, auf Küchenpapier abtropfen lassen und warm halten.

Für die Sauce alle Zutaten (außer Parmesan) in einem kleinen Topf verquirlen.

Bei mittlerer bis niedriger Temperatur unter ständigem Rühren 3–4 Minuten vorsichtig erhitzen, bis die Sauce anzudicken beginnt. Dann den Parmesan zufügen und vermengen. Abschmecken und nach Belieben mit reichlich schwarzem Pfeffer nachwürzen.

Die Gnudi auf vier Servierschüsseln verteilen, die Sauce darübergießen und mit ein wenig geriebenem Parmesan bestreuen.

Gochujang-BBQ-Hähnchen / Pomelo-Spitzkohl-Salat / Knusprige Frühkartoffeln & frische Minze

//

FÜR 4–6 PERSONEN

1 Maishähnchen aus
   Freilandhaltung
   (1,5–1,8 kg)
3 EL Gochujang-Chilipaste
etwas Sesamöl
2 Bio-Limetten, halbiert
250 ml GF-Bier (z. B.
   Lammsbräu oder Liebharts
   Reisbier)
1,5 kg Frühkartoffeln
1 guter Schuss Raps- oder
   Olivenöl (nach Belieben)
Salz
1 kleines Bund frische Minze,
   Blätter abgepflückt und
   grob gehackt

POMELO-SPITZKOHL-SALAT

1 Spitzkohl, fein geraspelt
1 kleines Bund
   Koriandergrün, Enden
   abgeschnitten
½ Pomelo, in mundgerechte
   Stücke zerpflückt
1 guter Spritzer
   Weißweinessig
2–3 EL Mayonnaise
1 gute Prise Meersalzflocken
Abrieb und Saft von 1 Bio-
   Limette

Den Backofen auf 180 °C vorheizen.

Das Hähnchen in einen großen Bräter legen und Zimmertemperatur annehmen lassen.

Gochujang-Chilipaste und Sesamöl in einer kleinen Schüssel vermengen. Dann das Hähnchen rundum mit der Paste bestreichen. Die Limettenhälften auspressen und zusammen mit dem Saft in die Bauchhöhle des Hähnchens geben.

Das Bier in den Bräter rund um das Hähnchen gießen. >>>

>>> Die Frühkartoffeln ebenfalls in den Bräter legen, den Bräter mit Alufolie abdecken und das Hähnchen mit den Kartoffeln 35 Minuten im Backofen braten.

Die Alufolie entfernen und weitere 20–45 Minuten braten, je nach Größe und Gewicht des Hähnchens. Am besten nach den Bratzeiten auf der Verpackung (falls vorhanden) richten: Das Fleisch an der dicksten Stelle des Schenkels mit einem Spieß einstechen – wenn das Fleisch gar ist, tritt klarer Saft aus. Durch das Bier bleibt das Hähnchen außerdem schön feucht, da es unter der Alufolie teils gedämpft wird.

Das fertige Hähnchen aus dem Backofen nehmen und 15–20 Minuten ruhen lassen. Die Haut sollte knusprig und das Fleisch noch feucht sein. Die Kartoffeln herausnehmen, sobald sie schön goldbraun und knusprig sind. Ansonsten das Hähnchen herausnehmen, die Kartoffeln leicht zerdrücken, 1 Schuss Öl zugeben und den Bräter erneut in den Backofen schieben, damit die Kartoffeln knusprig werden, während das Hähnchen ruht.

Für den Salat Spitzkohl, Koriander und Pomelo in einer großen Schüssel vermengen. Essig, Mayonnaise, Salz, Limettenabrieb und -saft vermischen, über den Salat gießen und gründlich mischen, bis alles gut bedeckt ist. Nach Belieben abschmecken.

Die Kartoffeln mit einer guten Prise Salz und frischer Minze bestreuen und dann das Hähnchen mit dem Salat und den knusprigen Kartoffeln servieren.

Kartoffeln gibt es in vielen Formen und Größen, lass dich also nicht von der mageren Auswahl im Supermarkt abschrecken. Kaufe regionale Ware, lege dir einen Schrebergarten zu, pflanze deine eigenen Kartoffeln an, damit du so viele Kartoffelsorten wie nur möglich findest, die du frittieren, braten, kochen, dämpfen und zerstampfen kannst – dies sind deine Kohlenhydrate!

Risotto mit gebackenem Knoblauch & Taleggio

\\\\\\\\\\\\\\\\\\\\\\\\\\\\\\\\

FÜR 4 PERSONEN

2 kleine (oder 1 große)
  Knoblauchknollen
1 Schuss Olivenöl
1 großes Stück Butter
1 Zwiebel, fein gewürfelt
270 g Risottoreis *arborio*
1 Schuss Weißwein
700–800 ml Gemüsebrühe
100 g Taleggio, grob gehackt
Meersalz (nach Belieben)

ZUM SERVIEREN

4 Handvoll Rucola
40 g fein geriebener Parmesan
Abrieb von 1 Bio-Zitrone
Olivenöl zum Beträufeln

Den Backofen auf 200 °C vorheizen.

Die Knoblauchknollen in Alufolie wickeln und 20–25 Minuten backen, bis sie weich sind.

Für das Risotto zuerst Olivenöl und Butter in einem Topf bei mittlerer Temperatur erhitzen. Die Zwiebel ins heiße Öl geben und 10 Minuten anbraten. Dann den Reis zufügen und unter ständigem Rühren 1–2 Minuten sautieren – er darf nicht am Topfboden haften bleiben. Nun unter ständigem Rühren den Wein zugießen.

Sobald der Wein aufgesogen ist, schöpflöffelweise die Gemüsebrühe zugeben. Jeweils warten, bis alles aufgesogen ist, und erst dann den nächsten Schöpflöffel zugeben. Dies dauert rund 20–25 Minuten. Den Reis regelmäßig kosten – er sollte noch ein klein wenig Biss haben und darf nicht zu weich gekocht sein.

Ist die Brühe komplett aufgesogen, das Fruchtfleisch des gebackenen Knoblauchs aus der Schale drücken und zugeben. Den Taleggio zufügen und alles vermengen, bis der Käse ganz geschmolzen ist. Abschmecken und, falls nötig, etwas salzen.

Hat das Risotto die richtige Konsistenz erreicht (leicht al dente und noch locker), kann es serviert werden.

Zwei gehäufte Löffel Risotto pro Person in eine Schüssel geben, mit einer Handvoll Rucola, etwas Parmesan, ein wenig Zitronenabrieb und ein paar Tropfen Olivenöl garnieren und anschließend servieren.

Gebräunte Butter / Gebackener Kürbis, Labneh mit Räuchersalz

FÜR 4 PERSONEN

1,2 kg Kürbis, z. B. Kabocha, Hubbard, Eichel- oder Butternutkürbis geviertelt

Olivenöl

1 gute Prise Meersalzflocken

schwarzer Pfeffer aus der Mühle

1 Süßkartoffel (ca. 130 g), geschält und in Streifen geschnitten

1 Prise Räuchermeersalz-flocken

Abrieb von 1 Bio-Orange zum Servieren

LABNEH MIT RÄUCHERSALZ

250 g Griechischer Joghurt

1 gehäufter TL Räucher-meersalzflocken

1 Prise schwarzer Pfeffer aus der Mühle

HASELNUSSBUTTER

100 g Haselnüsse

150 g Butter

1 Prise Räuchermeersalz-flocken

Mulltuch
1 Behälter mit Deckel

Für den Labneh Joghurt, Räuchersalz und ein wenig Pfeffer vermengen und in ein mit einem Mulltuch ausgelegtes Sieb geben. Das Mulltuch zusammenbinden und den Joghurt 1–2 Stunden oder über Nacht abtropfen lassen. Er sollte danach in der Konsistenz an Frischkäse erinnern oder sogar noch etwas fester sein. Im Kühlschrank ist Labneh 3–4 Tage haltbar.

Den Backofen auf 190 °C vorheizen. Die Kürbisspalten auf ein Backblech legen, mit Öl beträufeln und mit Salz und Pfeffer würzen. 25–30 Minuten backen, bis die Spalten knusprig sind.

Ein weiteres Backblech mit Backpapier belegen. Die Süßkartoffelstreifen in einer Schüssel mit ein wenig Olivenöl vermengen, bis sie rundum gut bedeckt sind. Gleichmäßig auf dem Backblech verteilen, sodass sie sich nicht berühren. 7–8 Minuten backen, bis sie knusprig und trocken sind. Aus dem Backofen nehmen, mit dem Räuchersalz bestreuen und abkühlen lassen.

Für die Haselnussbutter die Nüsse auf einem Backblech verteilen und 3–4 Minuten im Backofen rösten, bis sie goldbraun sind. Die Haselnüsse in einen Behälter mit Deckel füllen und den Behälter schütteln, sodass sich die Haut ablöst. Die Nüsse grob hacken, jedoch ein paar ganz lassen. Gehackte und ganze Nüsse in einem Topf bei niedriger bis mittlerer Temperatur mit der Butter vermengen und 4–5 Minuten erhitzen, bis die Butter leicht anbräunt. Mit Räuchersalz würzen und bis zum Servieren warm halten.

Zum Servieren zuerst etwas Labneh in eine Schüssel füllen, dann den Kürbis darauflegen. Mit der Haselnussbutter beträufeln und abschließend mit Süßkartoffelchips, Salz, Pfeffer und Orangenabrieb garnieren.

Meeresfrüchteeintopf / Kimchi & Reis aus geröstetem Blumenkohl

FÜR 4–6 PERSONEN

1 Schuss Raps- oder Olivenöl

1 Zwiebel, geviertelt

2 Knoblauchzehen, zerdrückt und grob gehackt

2 Stängel Zitronengras, Enden abgeschnitten, zerdrückt und halbiert

1 Stück frischer Ingwer (5 cm), geschält und gerieben

2 Kaffirlimettenblätter

3 EL Gochujang-Chilipaste

250 g Kimchi, plus Einmachflüssigkeit

850 ml Garnelenfond

1 mittelgroßer Kopf Blumenkohl, grob gerieben

Auswahl an Meeresfrüchten:

8–12 Riesengarnelen, mit Schwanz und geschält;

200 g Seeteufel, in mundgerechte Stücke geschnitten;

200 g Miesmuscheln, gesäubert

1 Bio-Limette, geviertelt

1 großer Schmortopf

1 guten Schuss Öl in einem großen Schmortopf erhitzen. Die Zwiebel im heißen Öl einige Minuten anbraten.

Knoblauch, Zitronengras und Ingwer zugeben und erneut einige Minuten braten. Dann Kaffirlimettenblätter, Gochujang-Chilipaste, Kimchi (plus Einmachflüssigkeit) und Garnelenfond zufügen. Bei niedriger bis mittlerer Temperatur 15–20 Minuten köcheln lassen, bis sich das Aroma entfaltet.

Inzwischen den Blumenkohlreis vorbereiten. Eine (Grill-)Pfanne erhitzen, bis sie fast zu rauchen beginnt. Den geriebenen Blumenkohl portionsweise zugeben und kurz anbräunen, damit er etwas rauchig schmeckt. Beiseitestellen und zum Warmhalten mit Alufolie abdecken.

Sobald der Blumenkohlreis fertig ist, die Meeresfrüchte zum Eintopf geben, einen Deckel auflegen und die Hitze erhöhen. 2–3 Minuten braten, bis sich die Muschelschalen öffnen (danach noch geschlossene Muscheln wegwerfen).

Den Blumenkohlreis mit 1 Spritzer Limettensaft verfeinern und zusammen mit dem Eintopf servieren.

Mais-Tacos / Frittierter Fisch / Koriander-Rotkohl-Salat

FÜR 4 PERSONEN

4–8 Maistortillas (siehe Tipp
   auf Seite 88)

1 l Pflanzenöl

500 g Schellfisch, in
   gleichmäßig große,
   mundgerechte Stücke
   geschnitten

TEIG

80 g GF-Mehl, gemischt mit
   1 Msp. Backpulver

115 ml eisgekühltes
   Mineralwasser mit
   Kohlensäure

1 Prise Meersalzflocken

Abrieb von 1 Bio-Limette

KORIANDER-ROTKOHL-SALAT

1 Bund frisches
   Koriandergrün

½ Kopf Rotkohl, fein
   aufgeschnitten

2 EL Mayonnaise

1 EL Sriracha-Sauce

ZUM GARNIEREN

1 rote Zwiebel

Saft von 1 Limette

2 grüne Chilischoten,
   in feine Ringe geschnitten

2 Bio-Limetten, in je
   3 Spalten geschnitten

Alle Zutaten für den Teig zu einer glatten Masse verquirlen.
Bis zur Verwendung im Kühlschrank aufbewahren.

Für den Salat ⅔ des Koriandergrüns grob hacken, mit dem
Rotkohl in eine Schüssel geben und kalt stellen.

Für die Garnierung die rote Zwiebel in Ringe schneiden,
die Limette auspressen und den Saft über die Zwiebelringe
gießen. Bis zum Servieren im Kühlschrank aufbewahren.

Den Backofen auf 150 °C vorheizen.

Die Tacos auf einem heißen Rost erwärmen oder in
einer Pfanne mit Antihaftbeschichtung von jeder Seite
30–40 Sekunden erhitzen. In Alufolie wickeln und im
vorgeheizten Backofen warm halten.

Für den Fisch das Pflanzenöl in einem Topf auf 180 °C
erhitzen. Den Teig aus dem Kühlschrank nehmen. Etwas
Teig ins Öl tropfen lassen – er sollte sofort zischend an die
Oberfläche steigen.

Die Fischstücke im Teig wenden, sodass sie rundum
bedeckt sind, und portionsweise 1–2 Minuten ausbacken,
bis sie goldbraun sind. Vor jeder Portion darauf achten, dass
das Öl wieder die richtige Temperatur angenommen hat.

Die Koriander-Rotkohl-Mischung aus dem Kühlschrank
nehmen, Mayonnaise und Sriracha-Sauce zugeben und
gründlich vermengen.

Alles auf einer großen Servierplatte anrichten oder auf
mehrere Schüsseln verteilen, sodass sich alle ihre Tacos
selbst zusammenstellen können.

Surf & Turf Paella

FÜR 4–6 PERSONEN

1,3 l Fischfond von guter
   Qualität
Olivenöl
1 Zwiebel, fein gewürfelt
3 Knoblauchzehen, fein
   gehackt
140 g pikante Chorizo, grob
   gewürfelt
450 g Paella- oder Basmatireis
1 Prise Safran
1 TL geräuchertes
   Paprikapulver
100 g TK-Erbsen
8–10 Riesengarnelen, ohne
   Schale (aber mit Schwanz)
   und entdarmt
200 g Miesmuscheln,
   gründlich gesäubert
Salz und schwarzer Pfeffer
   aus der Mühle
1 kleines Bund frische
   Petersilie, grob gehackt
1 Bio-Zitrone, in Spalten

*1 große flache Pfanne oder
1 Paella-Pfanne*

Den Fischfond in einem großen Topf zum Kochen bringen. Dann die Hitze reduzieren und bei mittlerer Temperatur köcheln lassen.

1 guten Schuss Olivenöl in einer großen flachen Pfanne oder Paella-Pfanne erhitzen. Die Zwiebelwürfel zugeben und bei mittlerer bis niedriger Temperatur 4–5 Minuten anbraten, bis sie weich und glasig sind. Knoblauch und Chorizo zufügen, die Hitze ein wenig erhöhen und einige Minuten braten, bis die Chorizo knusprig zu werden beginnt.

Den Reis in die Pfanne geben und in Bratflüssigkeit und ausgetretenem Fett der Chorizo wenden. Mit Safran und Paprikapulver bestreuen. Dann ¾ des Fischfonds zugießen. Bei mittlerer Temperatur 15–20 Minuten köcheln lassen, bis der Großteil des Fonds aufgesogen ist. Gelegentlich umrühren, damit der Reis nicht am Pfannenboden haften bleibt.

Sobald der Reis fast gar ist (er sollte noch ein wenig Biss haben), TK-Erbsen, Garnelen und Muscheln sowie restlichen Fond zugeben. Gut vermengen und dann die Pfanne mit einem Deckel oder mit Alufolie abdecken – so werden die Muscheln schneller gar. Weitere 5–6 Minuten erhitzen, bis sich die Muschelschalen öffnen (danach noch geschlossene Muscheln wegwerfen).

Nach Belieben mit Salz und Pfeffer abschmecken. Mit reichlich Petersilie bestreuen, mit Öl beträufeln und Zitronenspalten dazu reichen.

Pikante Schweinefleischbällchen mit Ingwer / Hühnerbrühe mit Zitronengras / Zucchininudeln

///

FÜR 4 PERSONEN

2 grüne Zucchini, spiralisiert

1 kleines Bund frisches Koriandergrün, Enden abgeschnitten

1 grüne Chilischote, in feine Ringe geschnitten

BRÜHE

1 l Hühnerbrühe von guter Qualität

2 Stängel Zitronengras, Enden abgeschnitten und gut zerdrückt

1 Stück frischer Ingwer (5 cm), geschält und gerieben

1 Spritzer Tamari (nach Belieben)

FLEISCHBÄLLCHEN

500 g Schweinehackfleisch von guter Qualität

1–2 rote Chilischoten (nach Belieben), fein gewürfelt

2 Knoblauchzehen, fein gehackt

1 Stück frischer Ingwer (5 cm), geschält und gerieben

½ TL weißer Pfeffer

1 guter Spritzer Fischsauce

1 großer Topf oder
  1 Schmortopf

Die Zutaten für die Brühe (außer Tamari) in einem großen Topf oder in einem Schmortopf zum Kochen bringen. Dann die Hitze reduzieren und 15–20 Minuten köcheln lassen, bis sich das Aroma entfaltet.

Inzwischen die Zutaten für die Fleischbällchen in einer Schüssel gründlich mit den Händen vermengen und zu kleinen Bällchen (kleiner als Golfbälle) formen. Erst alle Bällchen drehen und dann gleichzeitig in die Brühe geben. Einen Deckel auflegen und die Hitze ein wenig erhöhen. 7–8 Minuten köcheln lassen, bis die Bällchen komplett gar sind.

Die Brühe nach Belieben abschmecken. Falls noch etwas Salz fehlt, einfach 1 Spritzer Tamari zugeben.

Die Zucchininudeln auf vier Servierschüsseln verteilen, die Brühe mit dem Schöpflöffel zugeben und die Schweinefleischbällchen darauf platzieren. Mit ein wenig frischem Koriandergrün und den Chiliringen garnieren.

Plündere den nächsten Asia-Laden und fülle deinen Vorratsschrank mit köstlichen glutenfreien Nudeln. Sie haben Biss und Aroma und sind schön sättigend, was bei Gemüsenudeln nicht immer der Fall ist.

Halte nach diesen Nudeln Ausschau (aber lies dir immer die Packungs- anweisung durch):

Soba / aus Buchweizen hergestellt

Shirataki / eine japanische Nudel, die aus der Konjakwurzel hergestellt wird

Kelp / diese Nudeln können weiß sein und an Vermicelli erinnern oder sie sind richtig grün – wie Algen

Dangmyeon / eine koreanische Nudel auf Süßkartoffelbasis

Reis / aus Reis hergestellte Nudeln können dünn wie Vermicelli oder flach wie Bandnudeln sein

Thai-Curry / Schweinefleisch-spieße / Schwarze Reisnudeln

///

FÜR 4 PERSONEN

2 Dosen vollfette Kokosmilch
(à 400 g), gekühlt, damit
sich die Creme oben in der
Dose absetzt
3 Kaffirlimettenblätter, davon
1 Blatt in feine Streifen
geschnitten

ZUM GARNIEREN

schwarze Reisnudeln für
4 Personen
1 kleines Bund frisches
Thai-Basilikum
1 grüne Chilischote,
in feine Ringe geschnitten
Saft von 2 Limetten

SCHWEINEFLEISCHSPIESSE

600 g Schweineschulter, in
Stücke (à 2 cm) geschnitten
2 Zwiebeln, in Stücke
geschnitten
Sesamöl

GRÜNE CURRYPASTE

1 Schalotte, geschält und grob
gehackt
4 große Knoblauchzehen,
geschält
1 Stück frischer Ingwer
oder Galgant (5–7,5 cm),
geschält und grob gehackt

2 Stängel Zitronengras,
Enden abgeschnitten und
grob gehackt
1 Bund frisches Koriandergrün, Stängel und die Hälfte
der Blätter (der Rest kann
zum Garnieren verwendet
werden)
3–4 grüne Chilischoten (nach
Belieben)
1 TL gemahlener Koriander
½ TL gemahlener
Kreuzkümmel
½ TL weißer Pfeffer
3 EL Fischsauce (nach
Belieben)
1 EL Palmzucker oder
brauner Zucker
1 Schuss Sesamöl, plus etwas
mehr zum Konservieren

1 großer Topf mit schwerem
Boden oder 1 Schmortopf
4 Metall- oder Holzspieße

Alle Zutaten für die Currypaste im Mixer zu einer glatten
Paste pürieren. Traditionell werden die Zutaten im Mörser
mit dem Stößel zerstoßen: Dafür beginnt man mit den
harten Zutaten und gibt dann die weicheren Bestandteile
hinzu, bis man eine glatte Paste erhält. **>>>**

>>> Die Currypaste kann im Voraus zubereitet werden. Dann mit etwas extra Öl bedecken und bis zur Verwendung im Kühlschrank aufbewahren. So ist die Paste 1–2 Wochen haltbar.

Für das Thai-Curry 4–5 gehäufte Kleckse Currypaste in einen großen Topf mit schwerem Boden oder in einen Schmortopf geben. 1–2 Minuten bei mittlerer bis niedriger Temperatur unter ständigem Rühren anbraten und darauf achten, dass die Paste nicht anbrennt.

Dann die Kokoscreme aus den gekühlten Kokosmilch-dosen löffeln, in den Topf geben und 2–3 Minuten mit der Currypaste erhitzen. Die restliche Kokosmilch zugießen, die ganzen Kaffirlimettenblätter zugeben und 20–25 Minuten köcheln lassen, bis sich das Aroma entfaltet.

Die Grillfunktion des Backofens auf hoher Stufe vorheizen.

Schweinefleisch- und Zwiebelstücke abwechselnd auf vier Spieße stecken. Nicht zu eng aufeinanderschieben. Mit etwas Sesamöl beträufeln und dicht unter dem Backofengrill 7–8 Minuten grillen, sodass sie schön anbräunen. Die Spieße mehrmals wenden, damit sie gleichmäßig garen.

Die schwarzen Reisnudeln nach Packungsanweisung zubereiten. Dann zum Servieren auf vier Schüsseln verteilen.

Die grüne Thai-Currypaste auf den Nudeln verteilen und mit jeweils einem Spieß ergänzen.

Mit restlichem Koriander, Kaffirlimettenblattstreifen, Thai-Basilikum und Chili bestreuen und mit Limettensaft verfeinern.

Schlechte Nachrichten: Bier kannst du so ziemlich vergessen. Allerdings darfst du deine Sorgen in Wein, Cidre und Spirituosen ertränken. Wenn du bei Freunden eingeladen bist, nimm einfach reichlich Flaschen und auch gleich noch eine Tüte Maischips und deinen eigenen Hummus-Dip mit. Ja, ist echt blöd! Aber wenn du an deinem eisgekühlten Cidre nippst und deine GF-Chips in den Dip tunkst, sind auch deine Freunde glücklicher, weil sie wissen, dass sie sich keine Gedanken darüber machen müssen, ob sie für deine GF-induzierten Schmerzen verantwortlich sind.

Glutenfreie Pasta

FÜR 6 PERSONEN

450 g GF-Weißbrotmehl, plus
   etwas mehr zum Bestäuben
1 gute Prise Salz, plus etwas
   mehr zum Kochen
6 Bio-Eier (Größe M)

ZUM SERVIEREN

Lieblingspastasauce oder
   confiertes Gemüse von
   Seite 72–74
Olivenöl
Salz und schwarzer Pfeffer
   aus der Mühle
fein geriebener Parmesan

Nudelmaschine

Mehl und Salz in einer großen Schüssel vermengen. Die Eier verquirlen und dann mit dem Mehl zu einem Teig verarbeiten. In Klarsichtfolie wickeln und 30 Minuten in den Kühlschrank legen.

Danach den Teig herausnehmen und kneten, bis er schön geschmeidig ist. Die Teigkugel sollte auf Druck leicht nachgeben.

Den Teig in 6–8 Stücke schneiden und lang und flach ausrollen, sodass die Streifen gut durch die Nudelmaschine passen.

Den Teig leicht mit Mehl bestäuben, damit er nicht haften bleibt, dann durch die Nudelmaschine drehen: Auf der ersten Stufe (größte Teigdicke) beginnen, durchdrehen und falten. Den Teig mehrfach auf gleicher Einstellung durchdrehen, bis die Pasta allmählich etwas besser zusammenhält. (Einfach eine Runde nach der anderen absolvieren, auch wenn der Teig am Anfang vielleicht etwas krümelig ist.) Rollt man den Teig nur auf den ersten 3–4 Stufen, ist die Pasta nicht so empfindlich, wenn man sie zu Tagliatelle schneidet. Oft ist auch ein zweites Paar Hände hilfreich, wenn man die Pasta die ersten Male durch die Maschine dreht.

Sobald die Pasta fertig und nach Belieben geschnitten ist (z. B. in 0,5–1 cm breite Streifen für Tagliatelle), Wasser mit etwas Salz in einem Topf zum Kochen bringen und die Pasta je nach Teigdicke 3–6 Minuten kochen.

Mit Sauce oder confiertem Gemüse nach Wahl servieren. Mit einem Schuss Olivenöl, Salz und Pfeffer würzen und mit reichlich geriebenem Parmesan servieren.

Es wäre einfach zu sagen: »Plane deine Mahlzeiten im Voraus, sorge dafür, dass du immer reichlich Obst und Gemüse im Haus hast und fülle deinen Vorratsschrank auf.« Aber das Leben ist voller Überraschungen und manövriert uns oft in Situationen, die sich mit einem Apfel einfach nicht lösen lassen ... der obligatorische Snack zum Drink, der höllische Hangover-Hunger, der »Mir geht's beschissen, ich brauch dringend einen Kuchen«-Moment. Diese Stolperfallen kannst du nur umgehen, wenn du jederzeit deinen Lieblingssnack zücken kannst. Achte z. B. darauf, dass du immer eine Tüte Tortillachips und ein Stück Käse im Haus oder bei der Hand hast – es gibt nur wenige Probleme, die sich mit einem Teller Nachos nicht lösen lassen. Auch Erdnussbutter, Nuss-Nougat-Creme oder Marmelade sind unschlagbar. Letztendlich musst du eine Junkfood-Recherche starten: Danach weißt du, welche Snacks du essen darfst und welche nicht. Wenn es dann ernst wird, kannst du schnell zum nächsten Laden rasen und sofort

nach dem Richtigen greifen.

Bittet, so wird euch (hoffentlich) gegeben.

Wäre es nicht ein Traum, wenn jedes Restaurant auf deine Ankunft vorbereitet wäre, und zwar mit einer extra Küche, auf deren Tür »Glutenfrei« steht? Aber im Moment solltest du dich auf realistischere Szenarios einstellen. Folge Leuten aus der GF-Community auf Social-Media-Kanälen und merke dir appetitanregende, glutenfreie Speisen, die andere bereits in Restaurants probiert haben. Wenn du nicht weiterkommst, konzentriere dich auf bekannte Restaurantketten, wo es höchstwahrscheinlich mindestens ein GF-Gericht auf der Speisekarte gibt. Und wenn du ein Lokal besuchen willst, das keiner Kette angehört, dann ruf vorher an: Erkläre dein Problem, frage höflich nach und mache Vorschläge.

Seeteufel mit Ananas / Karotten-Pickles

///

FÜR 4 PERSONEN

300 g Sushireis

2 große Karotten,
  geschält und mit dem
  Gemüseschäler in Streifen
  geschnitten

1 Schuss Weißweinessig

1 EL Mirin oder Honig

2 Vogelaugenchilischoten,
  gehackt

2 EL Gochujang-Chilipaste

2 Knoblauchzehen, gerieben

1 Stück frischer Ingwer
  (5 cm), fein gerieben

3 EL Ingwer in Sirup,
  gehackt, plus 3 EL Sirup

3 Schuss Tamari

200 g Ananasstücke aus der
  Dose, Saft aufbewahrt

1 gehäufter TL Sriracha-Sauce

1 guter Schuss Orangensaft

1 kleiner Spritzer orange
  Lebensmittelfarbe (nach
  Belieben)

600 g Seeteufel, Stehgräten
  entfernt und in
  gleichmäßige, mundgerechte
  Stücke geschnitten

ZUM GARNIEREN

2 TL Sesamsamen

1 rote Chilischote

1 Frühlingszwiebel

1 kleines Bund frisches
  Koriandergrün

1 Bio-Limette, in Spalten
  geschnitten

Reis nach Packungsanweisung kochen.

Die Karottenstreifen in eine Schüssel geben. Einen guten Schuss Essig mit Mirin und den Chilischoten vermengen. Über die Karottenstreifen gießen und alles gut durchziehen lassen, während das restliche Gericht zubereitet wird.

Gochujang-Chilipaste, Knoblauch, geriebenen Ingwer, eingelegten Ingwer (plus Sirup), Tamari, Ananas (plus Saft), Sriracha-Sauce und Orangensaft in einer mittelgroßen Pfanne vermengen und zum Kochen bringen. Die Hitze reduzieren und bei mittlerer bis hoher Temperatur köcheln lassen, bis die Mischung fast sirupartig wird. Nach Belieben die orange Lebensmittelfarbe zugeben.

Die Garnierung vorbereiten: Die Sesamsamen in einer Pfanne ohne Öl bei mittlerer Temperatur leicht rösten, bis sie fast goldbraun sind. Chili und Frühlingszwiebel in Ringe schneiden und das Koriandergrün grob hacken.

Die Seeteufel-Stücke zur Sauce in die Pfanne geben und bei mittlerer Temperatur 2–3 Minuten köcheln lassen, bis der Fisch gar und nicht mehr durchsichtig ist.

Den Reis mit einer guten Portion Seeteufel und Ananas-Mischung anrichten, mit Karotten, Frühlingszwiebel, Koriander und Chili garnieren und mit Limettenspalten servieren.

Makronen
/ Schokodip mit Meersalz

ERGIBT 6–10 STÜCK

4 Eiweiß

135 g Kokosraspeln

145 g Mandelblättchen oder
 -splitter

165 g feinster Backzucker

½ TL Vanillepaste

SCHOKODIP MIT MEERSALZ

150 g Zartbitterschokolade
 (mind. 70 % Kakaogehalt),
 in Stücke gebrochen

½ TL Meersalzflocken, plus
 etwas mehr zum Bestreuen

1 feuerfeste Form

Den Backofen auf 180 °C vorheizen. Zwei Backbleche mit Backpapier belegen.

Eiweiße, Kokosraspeln, Mandelblättchen, Zucker und Vanillepaste in einer feuerfesten Form vermengen und in einen Topf mit kochendem Wasser hängen (Wasserbad). Das Wasser darf die Unterseite der Schüssel dabei nicht berühren. Unter ständigem Rühren 7–8 Minuten erhitzen, bis die Eiweiße nicht mehr durchsichtig sind.

Dann mit einem Löffel 6–10 Häufchen der Eiweiß-Mandel-Masse auf die Backbleche setzen und dabei reichlich Platz zwischen den einzelnen Makronen lassen.

10 Minuten bei 180 °C backen, dann die Hitze auf 170 °C reduzieren und weitere 10 Minuten backen, bis die Makronen goldbraun sind. Aus dem Backofen nehmen und abkühlen lassen.

Für den Schokodip die Schokostücke im Wasserbad erhitzen und schmelzen lassen. Dann vom Herd nehmen und das Salz zugeben. Die abgekühlten Makronen in die Schokolade tauchen und zum Trocknen wieder auf die Backbleche legen. Mit einer kleinen Prise Meersalzflocken bestreuen. Oder den Dip einfach über die Makronen träufeln. Servieren, sobald die Schokolade wieder fest geworden ist.

/ Die Makronen in einem luftdichten Behälter aufbewahren und am nächsten Tag zum Kaffee servieren. Im Kühlschrank sind sie 2–3 Tage haltbar.

Erdnussbutter-Schokokuchen / Salz-Karamell

\\\\\\\\\\\\\\\\\\\\\\\\\\\\\\\\\\

FÜR 6–8 PERSONEN

Butter zum Einfetten

300 g Zartbitterschokolade
(mind. 70 % Kakaogehalt),
in kleine Stücke gebrochen

225 g feinster Backzucker

6 Eier, getrennt

225 g gesalzene Butter,
in Stücke geschnitten

2 TL Vanilleextrakt

175 ml kochendes Wasser

5 EL cremige Erdnussbutter,
mit 1 Schuss kochendem
Wasser vermengt

SALZ-KARAMELL-SAUCE

100 g feinster Backzucker

30 g Butter

175 ml Kochsahne

1 gute Prise Meersalzflocken

1 Springform (26–28 cm ø)

Dieser Kuchen wirkt ein wenig wacklig, denn er ist in der Mitte halb flüssig. Freunde dich mit seiner exzentrischen Seite an oder nimm gleich das edler wirkende Kuchenrezept auf Seite 144.

Den Backofen auf 180 °C vorheizen. Die Springform mit Butter einfetten und mit Backpapier auslegen.

Schokostückchen und Backzucker im Mixer zu feinen Bröseln verarbeiten. Eigelbe, Butter, Vanilleextrakt und kochendes Wasser zugeben und alles gründlich vermengen.

Eiweiße in einer großen Schüssel steif schlagen und erst einmal beiseitestellen.

Die Schokoladenmasse in eine andere Schüssel füllen und den Eischnee vorsichtig unterheben. Dann die Mischung in die Springform gießen, die Erdnussbutter als Kleckse auf der Schokoladenmasse verteilen und mit einem Messer zu Wirbeln ziehen. 45–50 Minuten backen. Der Kuchen ist relativ feucht, sollte aber nicht mehr völlig wacklig sein. Wenn man ihn aus dem Backofen nimmt, fällt er etwas zusammen und reißt evtl. auch ein wenig ein.

Für die Salz-Karamell-Sauce den Zucker in einer großen Pfanne bei mittlerer Temperatur erhitzen. Sobald sich der Zucker aufgelöst hat, unter ständigem Rühren zuerst die Butter und dann die Sahne zugeben. Das Salz erst zufügen, wenn sich eine Karamellmasse gebildet hat.

Den Kuchen warm oder kalt mit der warmen Salz-Karamell-Sauce servieren. Im Kühlschrank lässt er sich gut aufbewahren – deshalb kann man ihn bereits 1 oder 2 Tage vor einer Einladung backen.

Dutch Baby / Karamellisierte Bananen & frische Orange

FÜR 2 PERSONEN

TEIG

180 g GF-Mehl
¼ TL Backpulver
Abrieb und Saft von ½ Bio-
  Orange
4 große Eier
150 ml Milch
1 guter Schuss Olivenöl

BANANEN

3 gehäufte EL feinster
  Backzucker oder Honig
1 gutes Stück Butter
2 Bananen, quer halbiert,
  dann längs halbiert

ZUM GARNIEREN

Abrieb von ½ Bio-Orange,
  plus Fruchtfleisch, in
  Spalten geschnitten
Puderzucker zum Bestäuben

*1 gusseiserne Pfanne oder
  1 andere backofengeeignete
  Pfanne*

Für das Dutch Baby (amerikanische Variante des Pfannkuchens) die Zutaten für den Teig (außer Öl) vermengen und mindestens 20–30 Minuten in den Kühlschrank stellen.

Den Backofen auf 220 °C vorheizen.

Einen großen Schuss Öl in einer gusseisernen Pfanne bei mittlerer bis hoher Temperatur erhitzen. Den Teig zugießen und die Pfanne in den Backofen stellen. 15–20 Minuten backen, bis der Teig aufgegangen und knusprig-goldbraun ist.

Inzwischen die Bananen karamellisieren: Den Zucker in einem kleinen Topf erhitzen, bis er sich auflöst, und unter Rühren die Butter zufügen. Sobald der Zucker karamellisiert, die Bananenstücke zugeben und karamellisieren lassen. Die Stücke vorsichtig wenden, sodass sie von beiden Seiten gebraten werden.

Das Dutch Baby aus dem Backofen nehmen.

Die Bananen auf dem Dutch Baby verteilen und mit Orangenabrieb und -stücken krönen. Die Karamellsauce darübergießen und mit etwas Puderzucker bestäuben.

Die Pfanne auf den Tisch stellen und das Dutch Baby noch warm verzehren.

Frangipane-Tarte mit Thymian & Brombeere

\\\\\\\\\\\\\\\\\\\\\\\\\\\\\\\\\\\\

FÜR 6–8 PERSONEN

(Ergibt 1 Kuchen)

SÜSSER MÜRBETEIG

480 g GF-Mehl, gesiebt

½ Muskatnuss, frisch
gemahlen

1 Prise Salz

2 gehäufte EL Puderzucker

220 g Butter, gewürfelt und
gekühlt

1 Ei, verquirlt

8 Zweige frischer Thymian,
Blätter abgepflückt

3–4 EL eiskaltes Wasser

FRANGIPANE-FÜLLUNG

100 g Butter

100 g feinster Backzucker,
plus 1 EL zum Bestreuen

2 große Eier

100 g gemahlene Mandeln

370 g frische Brombeeren

5 Zweige frischer Thymian,
Blätter abgepflückt

3 EL Mandelblättchen oder
-splitter

1 Tarteform (24–26 cm ø)
Backbohnen zum Blindbacken

Für den Teig Mehl, Muskatnuss, Salz und Puderzucker im Mixer vermengen. Die Butter zugeben und auf niedriger Stufe einarbeiten, bis ein krümeliger Teig entsteht. Nun das Ei zufügen. Wenn der Teig allmählich glatt und fest wird, die Thymianblätter zugeben und esslöffelweise eiskaltes Wasser unterrühren, bis sich der Teig zu einer glatten Kugel formen lässt. Falls es zu viel Wasser war, einfach noch mal etwas Mehl einarbeiten, bis die richtige Konsistenz erreicht ist.

Den Teig aus der Schüssel des Mixers nehmen, ausrollen und die Tarteform damit auslegen. Den Teig gleichmäßig mit einer Gabel einstechen und 30 Minuten im Kühlschrank ruhen lassen.

Den Backofen auf 180 °C vorheizen. Den Teig aus dem Kühlschrank nehmen und die Form mit Backbohnen füllen (oder Alufolie zusammenknüllen und hineinlegen, sodass der Teigboden beim Blindbacken seine Form behält). 15 Minuten backen. Dann Backbohnen (oder Alufolie) herausnehmen und erneut 5–10 Minuten backen, bis der Teig gar und goldbraun ist. Den Backofen nicht ausschalten.

Für die Füllung Butter und Zucker schaumig rühren. Dann unter ständigem Rühren die Eier einzeln zugeben. Vorsichtig die Mandeln und die Hälfte der Brombeeren sowie die Thymianblätter zugeben. Die Mischung auf den Teigboden gießen und mit den restlichen Brombeeren bestreuen. Die Tarteform erneut in den Backofen schieben.

Nach 35 Minuten, wenn die Tarte aufgegangen und goldbraun ist, mit den Mandelblättchen und 1 EL Zucker bestreuen und weitere 4–5 Minuten backen. Aus dem Backofen nehmen und vor dem Servieren kurz abkühlen lassen. Noch warm servieren.

Lass dir die Liebe zum Kochen nicht nehmen.

So manche geben in ihrer Verzweiflung den Kochlöffel ab und beschließen, nur noch von GF-Fertiggerichten zu leben. Aber du solltest deine Kochleidenschaft wieder auflodern und dich von neuen Gerichten überraschen lassen. Mache dich z. B. in internationalen Supermärkten auf die Suche nach ungewöhnlichen Zutaten. Oder kaufe deine üblichen Gemüsesorten ein und rücke ihnen mit Küchengeräten zu Leibe – verarbeite sie zu Juliennestreifen oder spiralisiere sie. Versuche dein Glück auch mit Mehl- und Backexperimenten! Und falls dir die Lust aufs Essen wirklich vergangen ist, schau dir ein paar hübsche GF-Food-Beispiele auf Social-Media-Kanälen an und lass dich inspirieren.

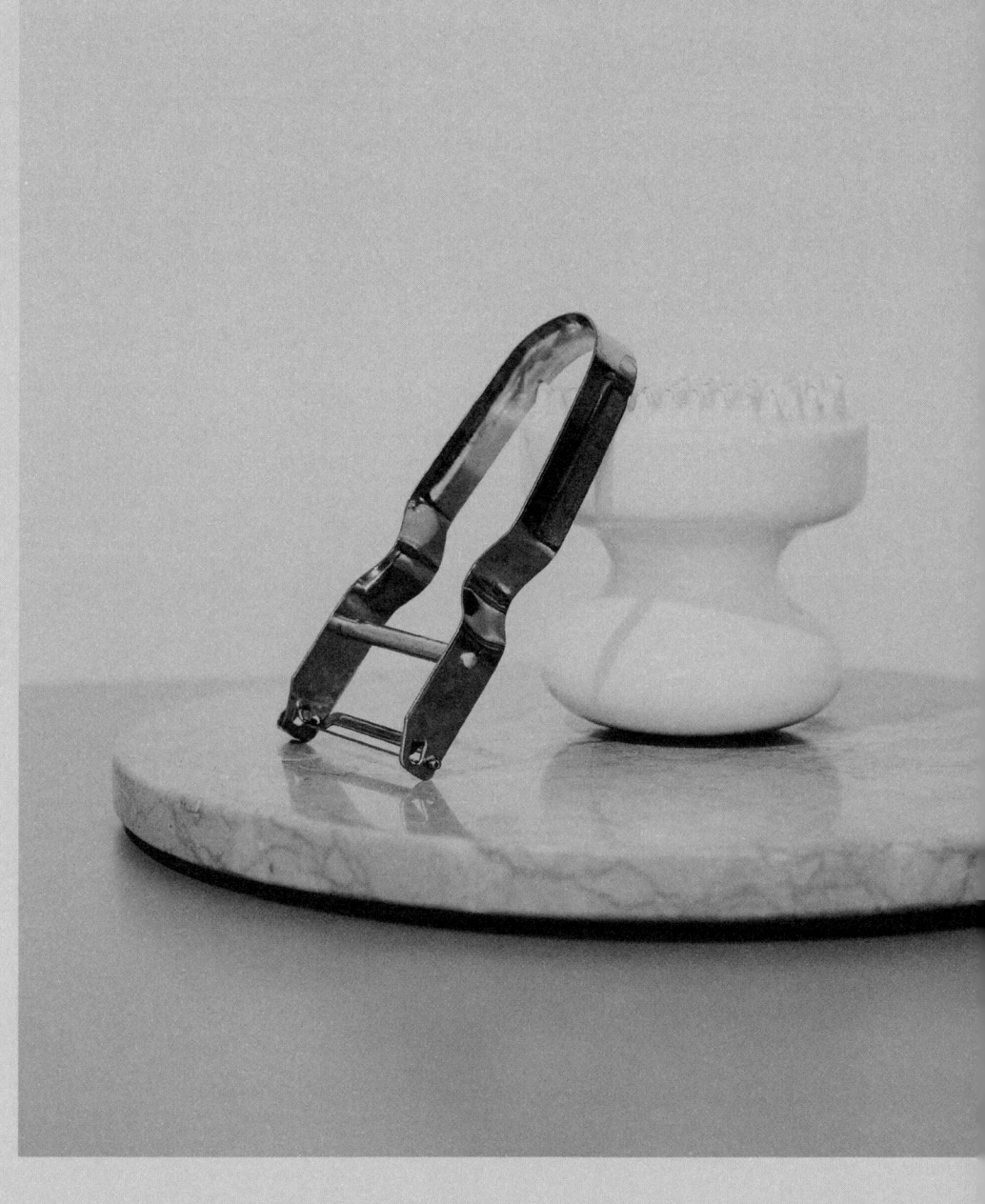

Festtagstorte mit Kardamom & Schokolade

///////////////////////////////////////

FÜR 8 PERSONEN

300 g weiche Butter

300 g feinster Backzucker

4–5 Tropfen
  Kardamomextrakt

½ TL Vanillepaste

4 Eier, verquirlt

300 g GF-Mehl, gemischt mit
  1 ½ TL Backpulver

90 ml fettarme Milch

SCHOKOBUTTERCREME MIT
SALZ

250 g weiche Butter, plus
  2 EL

550 g Puderzucker

4 EL Kakaopulver

50 ml Milch

½ TL Meersalzflocken

ÜBERZUG

500 g weiche Butter, plus
  4 EL

500 g Puderzucker

800 g Frischkäse

rosa Lebensmittelfarbe

*2 Springformen mit hohem
  Rand (16–18 cm ø)*

Den Backofen auf 180 °C vorheizen. Die zwei Springformen mit Backpapier auslegen.

Butter und Zucker schaumig rühren. Kardamomextrakt und Vanillepaste zu den verquirlten Eiern geben. Diese Mischung dann nach und nach mit der Butter-Zucker-Mischung vermengen. Anschließend Mehl und Milch zufügen und gründlich untermischen.

Den Biskuitteig in die Springformen füllen. Die Formen beim Einfüllen abwiegen, sodass beide Formen die gleiche Menge Teig enthalten.

Die beiden Formen auf mittlerer Schiene nebeneinander in den Backofen schieben und 20–25 Minuten goldbraun backen. Als Garprobe mit einem Stäbchen einstechen: Es sollte kein Teig mehr daran haften bleiben. Die fertigen Biskuitböden zum Abkühlen auf ein Kuchengitter stürzen. Sobald sie abgekühlt sind, horizontal durchschneiden, sodass vier Biskuitböden entstehen.

Für die Buttercremefüllung die Butter im Mixer ganz weich rühren. Puderzucker, Kakaopulver, Milch und Salz zugeben. Auf hoher Stufe 2–3 Minuten vermengen. Soll die Creme etwas lockerer werden, einfach ein wenig mehr Milch zugießen. Eine festere Konsistenz erhält man durch die Zugabe von etwas mehr Puderzucker. Die Füllung sollte stabil bleiben und nicht zu weich sein.

Für den Überzug Butter und Puderzucker gründlich vermengen. Den Frischkäse unterheben und die Mischung auf vier Schüsseln verteilen. **>>>**

>>> In die erste Schüssel ein wenig rosa Lebensmittelfarbe geben und mit der Butter-Frischkäse-Creme vermengen: Dies wird der dunkelste Rosaton. Dann die Hälfte der eben verwendeten Lebensmittelfarbenmenge in die nächste Schüssel geben und vermengen. Die Butter-Frischkäse-Creme in der dritten und vierten Schüssel wird nicht eingefärbt – eine dieser Schüsseln für die Füllung zwischen den Schichten beiseitestellen.

Zum Dekorieren die vier Biskuitböden auf vier Servierteller legen. ⅓ der Schokobuttercreme auf den ersten Boden geben und bis zum Rand verstreichen. Mit einer Schicht der weißen Butter-Frischkäse-Creme bedecken. Den nächsten Boden obenauf legen. Die Hälfte der restlichen Schokobuttercreme darauf verstreichen und wieder mit einer Schicht weißer Butter-Frischkäse-Creme bedecken. Den dritten Boden auflegen, mit der restlichen Schokobuttercreme bestreichen und mit der restlichen weißen Butter-Frischkäse-Creme bedecken. Abschließend den vierten Biskuitboden auflegen.

Mit einer Kuchenpalette eine Schicht dunkelrosafarbenen Überzug am unteren Teil der Torte rundum auftragen, aber nicht glatt streichen. Mit dem hellrosafarbenen Überzug oberhalb fortfahren. Die obere Hälfte der Tortenwände und die Oberseite mit der noch übrigen weißen Butter-Frischkäse-Creme überziehen.

Nun mit der Kuchenpalette die Übergänge zwischen den einzelnen Farbtönen verstreichen. Dabei immer rundherum arbeiten, sodass schließlich dunkelrosa in hellrosa und hellrosa in weiß übergeht. Kalt stellen oder sofort servieren.

Rosen-Pannacotta
/ Karamellisierte Orange

\\\\\\\\\\\\\\\\\\\\\\\\\\\\\\\\\\\\\\\

ERGIBT 4 STÜCK

100 ml Milch
400 g Crème double
2 Vanilleschoten
1 ½ Blatt Gelatine
50 g Puderzucker
2 TL Rosenwasser

ZUM GARNIEREN

Saft von 1 Blutorange oder
    Orange
feinster Backzucker zum
    Bestreuen
1 Orange, geschält und in
    feine Scheiben geschnitten

4 kleine Förmchen
Handgasbrenner

Die Milch und ⅔ der Crème double in einen kleinen Topf gießen. Die Vanilleschoten längs halbieren, das Mark mit einem Messer herausschaben und Mark und Schoten zur Milch-Sahne-Mischung geben. 5–6 Minuten leicht köcheln lassen.

Die Gelatineblätter in einer Schüssel mit kaltem Wasser einweichen. Nach ca. 5 Minuten ist die Gelatine weich. Die restliche Sahne mit dem Puderzucker vermengen.

Die Milch-Sahne-Mischung vom Herd nehmen, das Rosenwasser zugeben und die Vanilleschoten herausnehmen. Die weiche Gelatine zufügen und vermengen, bis sie sich ganz aufgelöst hat. Dann die Sahne mit dem Puderzucker zugeben.

Die Mischung abseihen, in vier Förmchen füllen und abkühlen lassen. Abdecken und im Kühlschrank fest werden lassen (ca. 2–3 Stunden).

(Blut-)Orangensaft und Zucker in einem kleinen Topf vermengen und bei mittlerer bis hoher Temperatur reduzieren, bis die Mischung leicht sirupartig wird.

Die Pannacotta aus dem Kühlschrank nehmen und auf Servierteller stürzen. Falls sie an der Form haften, einige Sekunden in eine Schüssel mit kochendem Wasser stellen.

Die Orangenscheiben im Sirup tränken und dann ein wenig Sirup über die Pannacotta träufeln. Jeweils eine Orangenscheibe obenauf legen. Etwas Backzucker darüberstreuen und mit dem Handgasbrenner erhitzen, bis die Oberfläche leicht geschwärzt ist.

Schoko-Orangen-Becher / Nut Brittle

FÜR 6–8 PERSONEN

280 ml Crème double

1 EL feinster Backzucker

40 g Butter

200 g Zartbitterschokolade
(mind. 70 % Kakaogehalt),
in kleine Stücke gebrochen

50 ml Vollmilch

1 Prise Meersalzflocken

Abrieb von 1 Bio-Orange

Saft von ½ Bio-Orange

2 EL Orangenlikör

frische Orangenspalten zum
Servieren (nach Belieben)

NUT BRITTLE

120 g Nüsse nach Wahl

280 g feinster Backzucker

Meersalzflocken zum
Bestreuen

*6–8 Serviergläser oder 1 große
Servierschüssel*

Für die Schoko-Orangen-Becher zuerst Crème double und Zucker in einem kleinen Topf fast zum Kochen bringen. Vom Herd nehmen und Butter und Schokoladenstücke unter Rühren zugeben, bis eine glatte Masse entsteht.

Unter Rühren die Milch zugießen und dann Meersalz, Orangenabrieb und -saft sowie Orangenlikör zugeben. Zu einer glatten, glänzenden Masse vermengen und auf 6–8 Serviergläser verteilen (oder in eine große Servierschüssel füllen) und abkühlen lassen. Nach dem Abkühlen zum Festwerden für ca. 1–2 Stunden in den Kühlschrank stellen.

Für den Brittle die Nüsse 2–3 Minuten in einem Topf ohne Öl rösten. Dann in einen Behälter mit Deckel geben und gut schütteln, sodass sich die Haut von den Nüssen löst. Die Nüsse grob hacken und beiseitestellen.

Zwei Backbleche mit Backpapier belegen.

Den Zucker in einen Topf geben und bei niedriger Temperatur erhitzen, sodass sich Bröckchen bilden und sich der Zucker schließlich zuerst in mittelbraunes und dann in dunkelbraunes Karamell verwandelt. Dann den Topf vom Herd nehmen, die gehackten Nüsse zugeben und vermengen. Auf die beiden Backbleche gießen und mit Meersalzflocken bestreuen.

Um eine besonders dünne Schicht zu erhalten, das heiße Karamell mit Backpapier abdecken und auf die gewünschte Dicke ausrollen. 10–15 Minuten abkühlen lassen. Dann in Stücke brechen und bis zum Servieren in einem luftdichten Behälter aufbewahren.

Die Schokobecher mit Orangenspalten oder nur mit Nut-Brittle-Splitter servieren.

Eis am Stiel mit Gin & Pink Tonic

〳〳〳〳〳〳〳〳〳〳〳〳〳〳〳〳〳〳〳〳〳〳〳

ERGIBT 6–8 STÜCK

100 ml Gin

320 ml Tonic Water (pink
  oder farblos)

Abrieb von 1 Bio-Limette

Saft von 2 Limetten

6–8 Kaffirlimettenblätter

Stieleisformen

Gin, Tonic Water und Limettenabrieb und -schale in einem Krug vermengen.

Je 1 Kaffirlimettenblatt in jede Stieleisform legen und die Mischung in die Formen gießen. (Hölzerne Eisstiele jetzt hineinstecken.) Das Eis 2–3 Stunden in den Tiefkühler stellen.

Das Eis servieren, sobald es gefroren ist.

Suche dir eine Freundin oder einen Freund.

Es kann ganz schön nervig sein, wenn man immer alles erklären oder sich ständig von Neuem auf die Suche nach glutenfreiem Essen machen muss. Deshalb solltest du Ausschau nach Verbündeten halten, die du schon kennst oder in einer GF-Gruppe triffst. Denn wir brauchen alle jemanden, der zu uns hält, sich gerne an unserer Seite mit dem Restaurantpersonal anlegt oder begeistert unser himmlisches GF-Schokokuchen-Rezept ausprobiert. Finde heraus, wer auf deiner Seite steht, und zeige diesen Menschen deine Wertschätzung.

Schließe Frieden.

Der Ärger mit dem Gluten wird nicht einfach verschwinden. Aber das Leben kann wundervoll sein — tolles Essen, Ausgeh-Abende und Freunde, denen deine »Spezialnahrung« kaum auffällt. Um dieses GF-Nirwana zu erreichen, brauchst du eine gehörige Portion Mut. Voll Optimismus wirst du dann alle Untiefen des glutenfreien Lebens umschiffen. Es kann stürmisch werden, aber schon bald wirst du ans rettende Ufer gelangen, wo dich ein entspanntes Leben ohne Gluten erwartet ...

Hinweise

GF steht für **G**luten**F**rei; wo Produkte / Gerichte als glutenfrei ausgewiesen werden, sind dennoch stets die Zutatenlisten respektive Inhaltsstoffe zu überprüfen. Nur so kann sichergestellt sein, dass beim Verzehr der zubereiteten Speisen keine Reaktionen auftreten.

Löffelmaßangaben: Falls nicht anders angeführt, sind stets gestrichene Löffel gemeint. EL und TL sind Abkürzungen für Esslöffel und Teelöffel.

Zitrusfrüchte: Bei der Verwendung ihrer Schalen auf Bio-Früchte zurückgreifen und diese zuvor heiß waschen. Zitrussaft sollte immer frisch gepresst sein.

Hygiene: Bei der Zubereitung von rohem Fleisch auf peinliche Hygiene achten; benutzte Schneidebretter, Messer, Arbeitsflächen und die Hände nach Gebrauch sorgfältig heiß abwaschen. Fleisch und Gemüse nie auf demselben Schneidebrett verarbeiten.

Fleisch sollte vor der Zubereitung immer trocken getupft werden.

Obst und Gemüse vor der Verarbeitung immer waschen, putzen oder bei Bedarf schälen.

Backofentemperaturen: Die angegebenen Temperaturen gelten für konventionelle Backöfen mit Ober-/Unterhitze.

Publishing Director Sarah Lavelle
Commissioning Editor Zena Alkayat
Design Manager Claire Rochford
Art Direction / Design Maeve Bargman
Cover Design Luke Bird
Photographer Kim Lightbody
Props Stylist Rachel Vere
Recipe Writer and Food Stylist Anna Barnett
Food Stylist's Assistant Hannah Miller
Production Director Vincent Smith
Production Controller Nikolaus Ginelli

Titel der englischen Originalausgabe:
»How to be Gluten-Free and Keep Your Friends«

First published in 2018 by Quadrille,
an imprint of Hardie Grant Publishing
Quadrille
52–54 Southwark Street
London SE1 1UN
quadrille.com

Text © Quadrille 2018
Fotografien © Kim Lightbody 2018
Design © Quadrille 2018

Deutsche Erstausgabe
1. Auflage 2019
© 2019 by ars vivendi verlag
GmbH & Co. KG, Bauhof 1, 90556 Cadolzburg
Alle Rechte vorbehalten
www.arsvivendi.com

Deutsche Übersetzung: Manuela Schomann
Lektorat: Stephanie Kamm
Satz: ars vivendi

ISBN 978-3-7472-0080-3

Printed and bound in China

Die Inhalte dieses Buches wurden mit größter Sorgfalt und nach bestem Gewissen erstellt und geprüft, bieten bei Zöliakie jedoch keinen ausreichenden Ersatz für persönlichen medizinischen Rat. Für vorhandene Fehler kann keine Haftung übernommen werden.